코로노믹스

CORONOMICS:

Nach dem Corona-Schock: Neustart aus der Krise
by Daniel Stelter
Copyright © 2020 Campus Verlag GmbH

코로나 쇼크 이후,
세계 경제의 미래와 우리가 가야 할 길

더숲

일러두기

* '코로나바이러스 감염증19'를 '코로나19'로 통일했습니다(세계보건기구WHO가 신종코로나의 정식 명칭을 'COVID-19'로 결정한 데 따라, 2020년 2월 12일 정부는 신종 코로나바이러스 감염증을 '코로나19'로 부르기로 했다고 밝혔습니다).
* 본문 하단의 각주는 출처를 밝힌 경우를 제외하고 모두 '옮긴이주'입니다.

✹

한국, 코로나 이후의 세상에서도
세계적 본보기가 되길

세계가 한국을 엄청난 존경의 눈으로 바라보고 있다. 한국처럼 코로나19를 효과적, 효율적으로 관리한 나라는 없었다. 한국은 대량 검사, 동선 추적, 사회적 거리 두기 정책을 함께 실시하여 효과적으로 코로나19를 관리했다. 일부 국가(대부분 아시아 나라들)에서는 한국과 비슷한 수준까지 코로나19에 대응했지만, 대부분 나라는 방역관리에서 처참한 성적표를 받았다. 특히 미국과 유럽 일부 국가는 상태가 심각하다. 이런 나라들은 코로나19가 발생했을 때 빠르고 강하게 대응하지 않았고, 세계 수준의 공공 사회기반시설이나 의료보험 시스템을 이용할 수도 없었다.

그렇게 코로나19는 앞으로 세상을 이끌 힘은 아시아에 있다는 것을, 그리고 서구 세계는 과거의 지도력을 크게 잃었다는 것을 전 세계에 보여주었다. 그런데 코로나19와의 전쟁에서 이기는 것(적어도 중요한 전투만이라도)만으로는 충분하지 않다. 경제적 피해를 줄이는 싸움에서 승리하는 것도 바이러스를 이기는 일 못지않게 중요하다. 이런 맥락에서 볼 때 한국은 서구 국가와 중국의 경제 상황에 영향을 받고 있기는 하지만, 세계 경기가 1930년대 경제 대공황만큼 심각한 침체로 이어지는 것을 막을 수 있을 것이다.

2020년 4월 시점에서 말하면, 서구 정치인들은 초기 코로나19에 대응할 때에 비해 코로나19가 몰고 올 경제적 결과에는 잘 대비하고 있다고 결론 내릴 수 있다. 서구 각국의 중앙은행과 정부는 폭넓은 대응을 신속히 결정했다. 경제위기에 대응하는 데 이렇게 많은 유동성을 동원한 적은 없었다. 하지만 그렇게 함으로써 코로나19 발생 이전부터 있었던 높은 수준의 부채, 공격적인 양적 완화, 구조적 저금리 등 경제 불균형과 문제점이 더욱 크게 드러났다. 서구 세계가 코로나19로 인해 실종된 경제활동 문제를 잘 극복할 것인지, 한다면 어떻게 극복할 것인지 지켜볼 일이다. 아마 경제성장률은 더 낮아지고, 정부와 중앙은행이 시장에 적극적으로 개입하며, 화폐가치는 평가절하되고, 각국의 보호주의가 커질 가능성이 크다.

코로나19가 불러올 경제적 결과는 심각하고, 오랫동안 흔적을 남길 것이다. 무엇보다 중요한 것은 코로나19가 경제정책의 새 시대를 열 것이라는 점이다. 나는 이렇게 등장한 새 경제정책을 '코로노믹스Coronomics'라고 부른다. '코로나Corona'와 경제를 뜻하는 '이코노믹스Economics'를 합해서 만든 단어다. 앞으로 10년 동안 코로노믹스가 전개되어 세상을 완전히 바꾸어놓을 것이다. 인플레이션이 다시 발생하고, 정부는 최근에 해온 것보다 훨씬 더 적극적으로 시장에 개입할 것이다.

한국과 같은 나라에서 코로노믹스는 전략의 변화를 의미한다.

한국은 서구 국가에서 나타나는 반反세계화 움직임을 생각해 지금까지와는 다른 접근법으로 경제정책을 세워야 한다. 앞으로는 아시아 지역 내 수출을 늘리는 데 초점을 맞추고, 내수 경제를 활성화하는 쪽으로 정책 방향을 바꾸어야 한다. 코로나19에 맞서는 방법을 세계에 알렸듯이, 한국은 코로나19 이후의 새로운 현실에 적응하는 방법도 세계에 알리는 본보기가 될 수 있을 것이다.

코로노믹스가
다가오고 있다

코로나19가 세계를 점령하고, 세계 경제를 움켜쥐었다. 코로나19는 극적으로 퍼져 전 세계를 팬데믹pandemic, 대유행 상태에 빠뜨렸다. 여러분이 이 책을 읽을 즈음에는 코로나19로 인한 건강문제와 경제위기가 또 다른 새로운 차원에 이르렀을 것이다. 바라건대, 그때쯤이면 감염의 확산이 정점을 지나 의학적 해결책이 이미 나왔거나 적어도 눈앞으로 다가와 있었으면 한다.

세계 경제가 빠른 속도로 회복하여 두어 달 뒤 코로나19 발생 이전과 같은 수준의 경제력으로 돌아간다 하더라도, 우리는 꽤 오랫동안 코로나19의 영향력에 사로잡혀 있을 것이다. 코로나19의 충격은 경제에 심각한 영향을 미쳤고, 상당 시간 그 자리에 머물러 있을 것이다.

무엇보다 중요한 것은 코로나19로 인해 새로운 경제정책의 시대가 열렸다는 점이다. 나는 이 새로운 경제정책을 '코로노믹스

Coronomics'라고 부른다. 코로노믹스는 코로나19의 '코로나Corona'와 '경제economics'를 합해서 만든 용어다. 코로노믹스는 앞으로 10년간의 경제정책 모습을 결정지을 것이고, 세계를 완전히 변화시킬 것이다. 인플레이션이 돌아올 가능성이 크고, 국가는 최근 그 어느 때보다 훨씬 적극적으로 경제에 개입하게 될 것이다.

또한 어떤 식으로든 정치적 변화의 기운도 감지된다. 코로나19가 창궐하기 전에도 세계 경제는 심각한 문제를 향해 치닫고 있었다. 코로나19가 단지 그 문제를 더 크게, 더 심각하게 만들었을 뿐이다. 이제 우리는 마치 돋보기로 들여다보는 것처럼 세계 경제의 모든 취약점을 확인할 수 있게 되었다.

이제는 더 이상 특정한 경제적 수단을 받아들이거나 지지하는 것이 불가능해졌다고 말하면, 많은 독자는 충격을 받거나 비명을 지를 것이다. 나는 그들에게 이렇게 이야기해주고 싶다. 이 책에서 묘사되는 모든 상황은 불가피하게 발생할 일이며, 국가와 기업과 개인적 차원에서 그런 상황에 대비해야만 한다고. 준비가 되어 있어야만 앞으로 발생할지 모르는 더 큰 피해를 막을 수 있다.

우리가 바라든 바라지 않든, 코로노믹스는 다가오고 있다.

차 례

제1장

허약한
경제를
덮친

코로나19

2019년은 좋은 해였다. 적어도 금융시장 상황은 그랬다. 도이체방크의 자료에 따르면 투자자가 손실을 보는 게 사실상 불가능한 해였다. 선진국과 개발도상국 모두에서 주식, 회사채, 국채가 전부 수익을 냈다. 유가와 금값도 상승했다. 하지만 그 정도로는 이자율을 높이기에 충분하지 않았다. 덕분에 자본시장에는 이상적 환경이 조성되어, 계속 신기록 고점 행진이 이어졌다.

세계는 전후 역사상 최장 기간 경기 상승과 금융위기 및 유럽 재정위기의 종식을 축하했다. 언뜻 보기에는 장래가 밝은 듯했다. 하지만 그런 낙관적인 시각은 사람들을 현혹하는 것이었다. 경제 상태와 금융시장의 상황이 결코 건강하다고는 할 수 없었기 때문이다. 여기저기서 켜지는 경고등은 정치인과 중앙은행을 향해 세계 경제는 그리 탄탄한 상태가 아니라는 사실을 끊임없이 알려왔다. 시장을 살펴보던 수많은 관측자들 역시 자본시장에 과도한 잉여금이 쌓이고 있으며, 이를 수정해야 한다고 경고했다. 하지만 모두들 어떤 일을 계기로 다음 경기 침체가 올지 알지 못했다.

코로나19 위기 전의
성장세로 돌아갈 수는 없다

우선 코로나19 위기 이전의 세계 경제 상황을 고려해야 한다. 이를 통해 코로나19가 왜 이토록 경제에 치명적인 영향을 끼쳤는지, 이 위기에서 벗어나려면 우리가 무엇을 해야 하는지, 그리고 무엇보다 튼튼하고 지속가능한 경제 체제를 유지하려면 코로나19의 위기를 극복한 뒤 우리가 무엇을 바꾸어야 하는지를 더 쉽게 이해할 수 있기 때문이다.

먼저 2009년 금융위기가 최고조에 이른 이후 경제가 회복되기는 했지만, 이전의 경기 회복세에 비하면 실망스러운 수준이었다는 점을 인정해야 한다. 경제성장률은 2008년 경제위기 이전보다 확연히 낮았다. 이를 수량화하기 위해 경제학자들은 소위 '추세 성장trend growth'과 실제 경제 발전 정도를 비교한다. 추세 성장이란,

모든 조건이 위기 이전과 똑같이 계속 유지되었다면 어느 정도 경제 발전이 이루어졌을지를 추정한 값이다. 둘을 비교한 결과에서 나타나는 차이가 경제위기와 그로 인해 잃어버린 부의 양을 보여준다.[1] 그런데 그 차이가 상당히 크다!

미국의 경우, 약 4조 달러의 부가 사라졌다. 이는 2019년 미국 국내총생산GDP의 20%가량에 해당하는 규모다. 미국의 경제 실적을 살펴보면, 경기 침체 뒤에는 언제나 완전한 경제 회복을 이루었다. 2000년 닷컴버블이 터졌을 때도 그랬다. 그 점을 감안하면 2008년 금융위기 이후의 경기 회복세는 매우 특이한 모습이었다.

유로존 상황은 한층 더 심각해 보인다. 실질 GDP 성장률과 잠재 성장률의 차이를 의미하는 이른바 '아웃풋 갭output gap'*이 3조 5000억 유로로 추정되며, 미국에 비해 그 규모가 상대적으로 더 크다. 게다가 누구나 인정하듯이, 2006~2007년 잠깐의 예외를 제외하고 유로존은 2000년 이후 계속 경기가 하강해왔다.

2019년 기준 독일은 유로존 GDP의 29%를 차지한 유로존의 강국이다. 그런 독일조차 보통 수준의 경제성장률밖에 기록하지 못했다. 2019년 말까지 독일의 GDP는 2009년 금융위기 이전의 경제성장 추세가 지속되었더라면 달성했을 수준보다 약 7000억 유로 낮았을 것으로 추정된다. 이는 독일이 저금리, 유로화 약세,

---

* 경제가 얼마나 '과열'되어 있는가를 알아보는 지표. 아웃풋 갭이 '플러스'이면 인플레이션 가능성이 커지고, '마이너스'로 돌아서면 디플레이션 압력이 증가한다.

중국 내 투자 호황이라는 혜택을 가장 많이 누렸음에도 불구하고 나온 수치다. 특히 유로화 약세는 독일의 경제성장에 도움을 주었다. 경제지 〈이코노미스트〉에 따르면 2020년 1월 유로화의 가치는 미국 달러 대비 19% 저평가됐다. 반면 스위스 프랑화는 미 달러화보다 18% 과대평가되었다.[2] 이를 통해 독일 수출업계가 유로화 약세 덕분에 큰 호황을 누리고 있음을 알 수 있다.

　그래도 여전히 독일 경기가 하강하고 있다는 신호는 분명했다. 2016년 이래로 GDP에서 산업생산의 비중은 23%에서 21.5%로 줄어들었다. 이는 금융위기 이후 최저 수준이다. 독일 자동차업계는 국내 생산능력을 줄이고, 유럽 내 다른 나라와 유럽 밖에서 생산능력을 늘렸다. 이는 독일이 상대적으로 경쟁력을 상당히 잃었다는 사실을 반영하는데, 독일이 유럽에서 전기료가 가장 비싼 나라였기 때문이다. 독일의 전기료가 비싼 건 탈원전 정책과 보조금을 많이 지급받고 있는 재생에너지에 집중한 결과다. 독일의 유력 신문인 〈프랑크푸르터 알게마이네 차이퉁F.A.Z〉은 독일에서 모르는 사이에 '산업 공동화'가 이루어지고 있다고 전했다.[3] 이는 전기차 분야로 기술이 이동하면서 나타난 실질적 위협과 함께, 독일 경제가 계속해서 힘을 잃을 것이라는 전망을 의미한다. 독일은 유로존에서 가장 중요한 경제적 기둥이므로, 독일이 경제력을 상실하면 유로존의 경제는 더욱 약해질 것이다.[4]

　지난 10년간 이탈리아와 그리스의 경제 상황은 아주 실망스러웠다. 2000년부터 2009년까지 부진한 성장을 보였던 이탈리아는 그후 2019년 말이 될 때까지도 금융위기와 유럽재정위기로부터 경제를 회복시키지 못했다. 2019년 말 이탈리아의 GDP는 2002년 수준에 머물러 있었다. 즉, 거의 20년간 실질 경제성장이 없었다는 뜻이다! 1조6000억 유로라는 이탈리아의 실질 GDP를 예상 추세 성장과 비교하면 무려 1조 유로가 사라졌다. 그리스는 가장 극단적인 예를 보여주는 나라로, 추세 성장과의 차이가 1500억 유로에 달한다. 이는 현재 그리스의 GDP인 1950억 유로의 약 70%에 해당하는 양이다. 2008년 그리스의 GDP는 이보다 훨씬 높아 추세 성장과의 차이가 520억 유로였다.

유로존은 저성장과 디플레이션이 결합된 유럽판 '일본식 시나리오'를 향해 나아가는 것으로 보인다. 일본은 정부와 중앙은행이 노력했음에도 불구하고 지난 수십 년간 경제 침체에서 벗어나지 못하고 있다. 1980년대 말에 투기 거품이 꺼진 이후 일본은 거품경제가 가져온 결과로 힘겨워하며, 저성장과 낮은 인플레이션으로 어려움을 겪고 있다. 게다가 노동 인구의 감소로 상황은 더욱 나빠지고 있다. 일본이 보여주는 그림은 유럽에도 좋은 징조가 아니다. 특히 낮은 경제성장률, 노동 인구의 감소, 낮은 인플레이션 수준 등을 보면 유럽 상황이 점점 더 일본을 닮아간다는 사실이 분명해진다. 경제학자들은 이러한 상황을 '구조적 장기침체secular stagnation' 또는 '빙하기ice age'로 묘사한다.[5]

물론 금융위기와 유럽재정위기가 발생하지 않았다 하더라도, 그전의 상황이 계속됐으리라고 단언할 수는 없다. 수리적 모델을 통한 계산 추정만 있기 때문이다. 예를 들어 노동력과 경제가 예상보다 크게 또는 작게 성장했을 수도 있다. 하지만 세계 경제의 성장을 놓고 봤을 때 지난 10년간 결과가 실망스러웠다는 사실에는 반박의 여지가 없으며, 유럽의 경우는 더욱 그렇다.

중국은 세계 경제의 성장엔진이었다. 2008년 세계 GDP에서 중국이 차지하는 비중은 약 8%였다. 그로부터 10년이 지난 뒤에는 18%로 증가했다. 최근 세계 경제가 이룬 성장의 50% 이상이 중국에서 비롯되었다. 즉, 경제위기를 극복하는 데 중국이 결정적인 역할을 했다는 뜻이다. 하지만 작년에는 중국의 경제성장률이 감소할 것이라는 신호가 점점 더 많이 감지되었다. 중국의 경제성장률이 감소한 주된 이유는 지난 10년간 중국이 엄청난 성장을 이루기 위해 그보다 더 많은 부채를 이용했기 때문이다. 2008년 중국의 기업·민간·정부 부채는 GDP의 150% 이하였지만, 2019년 수치는 GDP의 280%에 달했다. 중국 정부는 이러한 문제를 인식하고 경제의 부채 의존성을 줄이고 싶다는 의지를 공표했다.

2019년 말 세계 경제는 침체기를 맞이하고 있었다.

생산성 증가의
지속적인 감소

|||||||||||||||||||||||||||||||||||||||||||||

세계 경제성장을 위축시킨 가장 중요한 이유는 생산성 저하 현상이 그 어느 때보다 오랫동안 지속되었기 때문이다. 2010년부터 2019년까지 '총요소생산성TFP, Total Factor Productivity'*은 겨우 0.7% 늘어났다.[6] 이처럼 생산성이 충분히 늘어나지 않는 현상은 비단 선진국뿐 아니라 신흥 경제국의 문제이기도 하다. 미국의 싱크탱크인 콘퍼런스 보드The Conference Board 자료에 따르면, 총요소생산성 감소는 중동과 라틴아메리카에서도 일어나는 세계적인 현상이다.

2007년 이후 미국·영국·독일·프랑스·일본에서 성장이 감소한 원인의 80%가량은 인구통계학상의 변화에 있다. 특히 노동 가능 인구의 증가세가 부진하거나 심지어 줄어드는 현상이 생겼고, 이로 인해 생산성이 감소되었기 때문이다.[7] 독일의 경우 1970년대에는 시간당 생산성의 연평균 증가율은 거의 4%에 달했다. 하지만 2011년 이후 8년 동안에는 겨우 0.9%에 불과했다. 최근 생산성 증가율은 더욱 감소해 0%에 달하고 있다. 연구 결과에 따르

* 생산량 증가분에서 노동 증가에 따른 생산 증가분과 자본 증가본에 따른 생산 증가분을 제외한 생산량 증가분을 말한다. 즉 정해진 노동, 자본, 원자재 등 '눈에 보이는' 생산요소 외에 기술개발이나 노사관계, 경영혁신 같은 '눈에 안 보이는' 부분이 얼마나 많은 상품을 생산해내는가를 나타내는 생산효율성 지표다. 총요소생산성은 노동생산성뿐만 아니라 근로자의 업무 능력, 자본투자금액, 기술도 등을 복합적으로 반영한 수치로 생산성을 분석하는 데 널리 활용되고 있다. (출처: 한경경제용어사전)

면 독일에서 직원 1인당 생산량이 4년간 계속 정체되어 금융위기 이전보다 낮은 수준이다.[8] 이러한 현상은 독일 경제의 안정성뿐 아니라 유로존 전체의 경제 안정성에도 영향을 미친다.

생산성의 중요성은 아무리 강조해도 지나치지 않다. 경제가 번영하기 위해서는 반드시 생산성 증가가 뒷받침되어야 한다. 생산성이 부족하면 분배의 갈등과 불만, 정치적 긴장이 나타난다. 그렇게 되면, 사회는 기후변화에 어떻게 대응해야 하는지, 또는 복지국가가 어떻게 재원을 조달해야 하는지와 같은 긴급한 문제들을 해결할 힘이 없어진다.

공격적인 통화정책 수단

금융위기 이후 지난 10년간 통화정책을 살펴보면 무언가 일이 잘못되고 있다는 조짐이 두드러지게 나타난다. 서구 사회의 경우, 2009년 이래 중앙은행의 대차대조표상 자산은 4조 달러 이하에서 16조 달러 이상으로 폭증했다. 게다가 금리는 크게 떨어졌다. 2019년 말에 이르면, 어느 나라에서든 금리는 사실상 10년 전보다 낮은 상태였다. 그러는 동안 금리를 인상하려는 시도는 실패를 거듭했다. 중앙은행은 반복적으로 금리를 더 인하하라는 압박을 받았고, 대차대조표상의 자산은 계속 늘어났다.

10년 만기 국채 기준으로 보면, 서구권 국가에서 거의 비슷한 그림이 나타난다. 금리는 금융위기 직후 이미 낮은 수준으로 내려 갔다. 그런데도 최근 몇 년간은 그보다 한층 더 떨어졌다. 2019년 말 기준으로 세계 거의 모든 나라의 금리는 그 어느 때보다 가장 낮은 수준이었다. 비록 저금리 현상이 통화정책의 결과이기는 하지만, 한편으로는 성장률이 높아질 것이라는 믿음이 없다는 걸 나타내기도 했다. 특히 유로존에서는 매우 부정적인 양상이 나타났다. 2009년에는 아직 독일의 국채금리가 3.37%, 프랑스의 국채금리는 3.41%였다. 하지만 2019년 말에는 양국의 국채는 마이너스 금리를 나타냈고 일본 국채보다도 수익률이 낮았다. 충격적이지만 명목 금리*가 이보다 낮은 적은 없었다.[9]

공식적으로 중앙은행은 디플레이션 위험을 방지하고 물가를 상승시키려 한다고 말했지만, 성공을 거두지는 못했다. 반면 경기를 부양하기 위한 엄청난 금융정책에도 불구하고 경제는 회복 모멘텀을 찾지 못했다. 이러한 경제 상황은 마치 기름을 가득 채운 비행기가 엔진 출력을 최대로 높여도 고도를 올리지 못하는 것과 다름없었다. 정말 작은 '러프 패치rough patch'**만 만나도 고도를 잃을 수 있고, 그러면 쉽게 위험한 상황에 빠지게 된다.

＊　물가 상승률이 반영되지 않은 금리.

부채, 부채,
부채!

|||||||||||||||||||||||

'세계 경제'라는 비행기는 부채를 짊어지고 있다. 1980년대 중반 이후 서구 국가의 부채는 경제성장 속도보다 훨씬 빠르게 늘어났다. 이런 현상은 정치인들이 소득 정체에 따르는 결과를 숨기기 위해 국민에게 더 많은 부채를 얻을 것을 부추기면서 시작되었다. 그리고 나서 금리는 꾸준히 하락했고, 금리 하락으로 부채를 늘리는 경향이 일반화되었다. 이러한 현상에 중앙은행이 기름을 부었다. 중앙은행은 1987년 주식시장 붕괴 때부터 2009년 금융위기에 이르기까지 금융시장이 요동칠 때마다, 그리고 실물 경제가 침체할 때마다 화폐가치를 떨어뜨렸고, 시장 개입 후 화폐가치를 높이는 조처를 하지 않았다. 국제결제은행Bank for International Settlements, BIS의 설명에 따르면 이러한 '비대칭적 대응'으로 인해 기존의 부채가 연장될 수 있었을 뿐 아니라, 더 많은 부채와 그에 따른 위험도 불러왔다고 한다. 채무자들은 부채가 있어도 아무런 일도 일어나지 않는다고 점점 확신하게 되었다.

✱✱ 러프 패치는 '경기 회복기의 일시적 둔화'를 나타내는 소프트 패치soft patch보다 경제 상황이 더 나쁜 것을 뜻한다. 소프트 패치 국면이 상당 기간 길어질 수 있다는 은유를 담고 있지만, 경기 침체와 같은 훨씬 심각한 상태는 아닌 상황을 가리킨다. 참고로, 소프트 패치는 원래 골프용어인 라지 패치large patch에서 나온 말로, 라지 패치는 잔디가 잘 자라지 못해 공을 치기 어려운 지점이라는 뜻.

2009년에는 이러한 정책이 끝난 것처럼 보였고, 불가피한 위기가 찾아올 것 같았다. 부채를 상환할 수 있을지 확신하지 못하는 채무자의 수가 늘어나면서 시장은 붕괴했다. 하지만 각국 중앙은행과 정부가 적극적으로 시장 개입을 반복함으로써 금융 체제의 완전 붕괴와 새로운 대공황의 발생을 겨우 막을 수 있었다.

그렇게 보면 2009년 이후 중앙은행이 실시한 시장 개입 정책, 예를 들어 수조 달러에 이르는 증권을 사들이는 것이나 일본과 유로존에서처럼 금리를 0% 또는 그 이하로 낮추는 등의 정책은 이전에 시행했던 비대칭 정책의 연장선이었을 뿐이다. 따라서 시장 개입 정책은 더 큰 위험을 감수해야 하는 부채를 늘리는 일과 정확히 똑같은 부작용을 드러냈다. 국제금융협회Institute of International Finance의 자료를 보면, 2019년 3/4분기에 세계 부채는 253조 달러로 늘어나 세계 GDP의 322%에 달하게 되면서 그 어느 때보다도 높은 수치를 기록했다.

윌리엄 화이트William White 국제결제은행 전前 수석 이코노미스트는 금융위기를 일찌감치 예상한 몇 안 되는 사람 중 한 명이다. 그는 각국 중앙은행이 시행하는 정책을 오랫동안 비판해왔다. 그에 따르면 중앙은행은 "경제 호황과 붕괴의 다음 주기를 위해 토대를 마련"하는 정책을 펴고 있으며, 이는 "대출 기준이 점점 느슨해지고 부채 수준이 높아지는 데서 비롯된다"는 것이다. 다시 말해 중앙은행이 인위적으로 금융시장과 경제가 성장세를 보이다가 더

그림 1. 기록적인 수준의 세계 부채

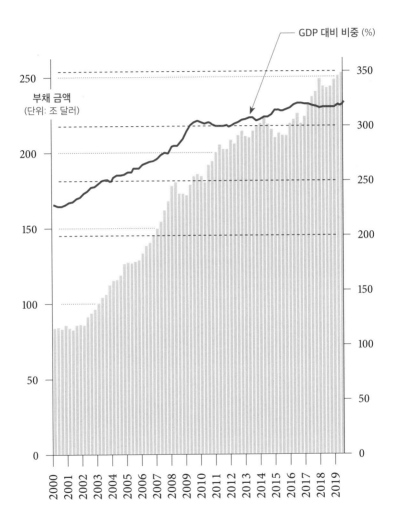

GDP 대비 비중 (%)

부채 금액
(단위: 조 달러)

출처: IFF, FT

크게 붕괴하는 순서를 만들고, 다음 차례로 대출 기준을 낮춰 더 많은 부채를 발생시키고 이에 대응한다는 뜻이다.[10]

하지만 이러한 중앙은행의 정책이 실물 경제에 미치는 영향은 점점 더 줄어들었다. 앞서 살펴본 것처럼 금융위기 이후 미국과 유럽의 경제 회복세는 제2차 세계대전 이후 가장 길게, 하지만 가장 약하게 이어졌다. 모든 나라에서 실제 GDP는 금융위기 이전 상황이 지속되었더라면 달성했을 수준보다 훨씬 낮았다.

자산가격의
대폭 상승

새로 발생한 부채가 실물 경제성장에 미치는 영향력이 작았던 이유는 단순히 그 부채가 신제품을 개발한다든가 새로운 공장을 짓는 일처럼 생산적인 방식으로 사용되지 않았기 때문이다. 대신 그 부채는 주식이나 부동산과 같은 기존 자산을 구매하는 데 사용되었다. 미국과 일본의 주가는 2019년 말까지 10년 전과 비교해 두 배 이상 늘어났다. 게다가 같은 기간 동안 두 번이나 거품이 붕괴했지만, 중국은 거의 같은 위치를 지키고 있었다. 유로존에서도 주가는 약 50% 늘어났다.

부동산 가격도 세계적으로 상승하는 모습을 보였다. 국제결제

은행의 자료에 따르면, 선진국의 부동산 가격은 33%, 신흥 경제 국가의 부동산 가격은 60%나 올랐다.[11] 지역별 가격 상승 정도를 살펴보면 유로존 15%, 일본 15%, 두바이 31%, 오스트레일리아 32%, 중국 35%, 태국 31%, 브라질 51%, 미국 51%, 캐나다 60%의 상승을 기록했다. 경제 중심지에서는 한층 두드러지게 부동산 가격이 상승했다. 런던을 비롯해 대부분 유럽 국가의 수도, 뉴욕, 보스턴, 로스앤젤레스, 샌프란시스코, 시드니, 멜버른, 밴쿠버에서는 부동산 가격이 특히 더 비싸졌다.

화폐가치 하락 현상은 부동산 시장에서 가장 잘 드러난다. 거의 무제한의 재화(돈)가 공급이 부족한 상품(부동산)을 만나면 눈에 띄는 변화가 나타나는데, 은행이 안전한 투자처로 여겨지는 부동산을 담보로 기꺼이 대출을 제공하기 때문이다.

불평등의
완화와 심화

부동산 가격의 상승으로 대부분의 나라에서 불평등이 심화됐고, 각국이 그런 상황에 대처하고 있는 것은 그리 놀랍지 않은 일이다. 소득 기준으로 보면 지난 10년간 세계 빈곤율은 감소해왔다. 일일 소득 1.9달러 미만으로 규정되는 절대빈곤 수준의 인구

비율은 5.4%에서 3.1%로 줄어들었다. 이는 아마 인류 역사상 가장 낮은 수준일 것이며, 수억 명의 인구가 더 나은 삶을 살게 되었음을 뜻한다. 동아시아 지역에서는 절대빈곤 인구 비율이 3.8%에서 0.5%로 감소했고, 라틴아메리카 지역은 2.8%에서 1.3%로, 남아시아 지역은 6.6%에서 3%로, 사하라사막 이남의 아프리카 지역에서는 5.7%에서 3.1%로 줄었다. 단, 중동과 북아프리카 지역에서는 0.5%에서 1.0%로 늘어났다. 이 지역의 빈곤율 상승은 유럽 이민자 수가 점점 늘어나 유럽의 부담이 커지는 이유가 됐다.

하지만 서구 세계의 모습은 이와 다르다. 서구 세계에서는 재분배 효과가 무시되었고, 소득 불평등이 커졌다. 독일이나 프랑스 같은 일부 국가에서는 상당한 재분배 정책을 통해 이러한 흐름을 바로잡으려 했지만, 미국이나 영국의 경우처럼 모든 나라가 그런 정책을 편 것은 아니었다. 그 결과 지금 우리가 알고 있는 상황이 벌어졌다. 즉, 세계화로 인해 저소득층과 중산층의 소득이 압박을 받게 됨으로써 지구의 한편에서는 빈곤이 줄어들고 있지만, 다른 한편인 선진국에서는 소득 격차가 더 심해지고 있는 것이다.

부를 기준으로 삼으면 이러한 현상은 더욱 분명해진다. 앞서 살펴본 것처럼 중앙은행이 찍어낸 저렴한 화폐는 부에서 특히 강한 영향력을 발휘한다. 자연히 자산을 가진 자만이 자산가격의 상승으로 인한 혜택을 누리게 되고, 이것이 바로 부의 분배에 따른 불평등이 계속 커지는 이유다. 다시 말해, 이 상황은 1980년대 중반부터 있었던 흐름이 지속되는 것으로, 한편에서는 부채가 증가하고 다른 한편에서는 자산가격이 상승하는 현상으로 나타난다.

부채 증가와 자산가격 상승은 밀접하게 관련된다. 부채를 얻은 덕분에 그 어느 때보다 비싼 가격의 자산을 구매할 수 있게 되었다. 그리고 높아진 자산가격으로 인해 부채는 더 늘어났다. 화폐가치는 떨어지고, 동시에 대출 기준도 점점 느슨해졌다. 이는 필요자본capital requirements이 줄어들었다는 의미이며, 부채 증가와 자산가격 상승 과정은 저절로 계속된다. 중앙은행이 개입해 이 문제를 해결하겠다는 약속을 분명히 밝히지 않은 탓에 사람들은 점점 더 큰 위험을 감수했고, 특히 부동산 가격이 크게 상승했다. 토마 피케티Thomas Piketty와 같은 경제학자들은 이 부분을 간과했다. 높은 부채 수준과 낮은 금리라는 원동력을 이해하지 않은 채, 자산 가치가 더 높아지고 불평등이 더 깊어졌다는 결과만 바라본 것이다.[12]

이를 염두에 둔다면, 지난 10년간 포퓰리즘과 반체제 정당에 대한 지지가 크게 높아진 것은 그리 놀랄 일은 아니다. 연구 결과에 따르면 포퓰리즘과 반체제 정당에 대한 지지가 1930년대만큼 높은 수준이라고 한다.[13] 도널드 트럼프의 대선 당선이나 브렉시트Brexit를 결정한 국민투표 결과는 대체로 이러한 경제 상황에서 기인한 것이다.

다보스Davos에서 열리는 세계경제포럼의 창설자이자 회장인 클라우스 슈밥Klaus Schwab은 2019년에 이렇게 말했다. "이제 우리는 뒤처진 패배자losers를 보살펴야 합니다. 세계화의 다음 단계를 이야기할 때는 반드시 더욱 포용적이고, 지속가능한 방법을 생각해야 합니다." 사실상 금융위기 이후의 경제 회복은 이미 존재했던 문제를 한층 더 악화시키는 결과를 가져왔을 뿐이다.

우울한 전망

2019년 말 우리는 실망스러운 10년을 되돌아보고 있었다. 중앙은행의 대대적인 시장 개입에도 불구하고 우리가 언은 건 야간의 성장과 더 많은 부채, 자산가격의 거품, 그리고 심화된 불평등 뿐이었다. 그러는 동안 다음 경기 침체가 그리 멀지 않았다는 신호는 점점 더 강해졌다. 중국의 힘이 약해졌고 유로존은 구조적 장기침체의 길 위에 서 있었다.

국제통화기금IMF이 2020년의 경제 전망에 대해 회의를 드러낸 것은 어쩌면 당연한 일이다. "2018년의 3/4분기에 경제성장이 급격히 둔화한 후 세계 경제활동 속도는 여전히 미약한 수준에 머물러 있다. 특히 제조업 활동의 모멘텀이 매우 약화해 세계 금융위기 이후로는 찾아볼 수 없는 수준에 머물러 있다. 무역 분쟁과 지정학적 긴장이 높아져 세계 교역 체제와 국제 협력의 미래에 대한 불확실성이 증가했고, 이는 기업 신뢰와 투자 결정, 세계 교역에 타격을 주었다. 정책실시와 의사소통을 통해 확장적 통화정책으로 전환한 것은 금융시장의 불안과 활력에 미치는 영향을 완화시켰다. 일반적으로 회복이 빠른 서비스 부문에서는 고용 성장도 나타났다. 그럼에도 경제 전망은 여전히 불안정하다."[14]

경제협력개발기구OECD에서도 비슷한 의견을 내놓으며, 2019년 세계 경제성장률이 2.9%에 그칠 것으로 예상했다. 그리고 다음과 같은 사항을 주문했다. "(…) 경제 자신감을 회복하고, 포용적 성장을 늘리며, 생활수준 향상을 위한 정치적 협력이 시급하다. 세계 교역은 정체중이며 대부분 주요 국가에서의 경제활동도 줄어들고 있다. 그리고 정책적 불확실성으로 인해 투자와 미래 일자리, 소득의 기반도 약화하고 있다. 게다가 경제성장률이 더욱 낮아질 위험은 여전히 크다. 무역 분쟁과 지정학적 긴장감의 고조뿐만 아니라, 중국의 경기 둔화세가 예상보다 심각해질 가능성도 있고, 기후변화 문제도 고려해야 한다."[15]

그런데 이런 상황에서 코로나19가 찾아왔다. 코로나19는 이미 침체를 향해 가던 허약한 경제에 직격탄을 날렸다.

제2장

취약한

금융
시스템

　　금융시장의 낙관주의는 2020년 1월까지 계속되었다. 텔레비전 화면에 보호복을 입은 사람들이나 봉쇄된 도시 등 점점 더 불안해지는 중국의 모습이 나타났을 때, 세계는 다른 나라의 일로만 여겼고 미국과 다른 지역에서 주가는 신고점을 기록했다.

　　주식시장의 상황은 그리 나빠지지 않을 것이며, 중국 경제가 빨리 회복되고 여름쯤이면 전부 잊힐 것이라고 확신했다. 경제전문가들은 이를 'V'자형 회복이라 부르는데, 경기가 크게 침체했다가 빠른 회복세를 나타내는 경우를 뜻하는 표현이다. 사스(SARS, 중증급성호흡기증후군), 1958년 홍콩 독감, 심지어 1918년 스페인 독감이 유행했을 때도 경기는 V자형으로 회복했다. 그런데 코로나19라고 다를 이유가 있을까?[1] 경기가 회복하기까지 시간이 더 걸린다 해도 중앙은행에서 경제를 살리기 위한 준비를 할 것이며, 무엇보다 모든 자본시장에서 더 많은 자본을, 더 싸게 이용할 수 있을 것으로 봤다. 지난 30년간 항상 그래왔듯이 말이다. 투자자들은 저렴한 자본이 밀려올 것이라는 걸 알고 있었기 때문에 주식을 매수하는 건 당연했다.

하지만 코로나19가 이탈리아를 장악하자 이 병이 중국만의 문제가 아니라는 사실이 확실해졌다. 그러자 세계 경제 전반에 불안감이 고조됐다. 시장은 내림세를 보이기 시작했고, 더 이상 'V'자형 회복을 기대할 수 없었다. 사람들은 'V'자형 대신 침체 기간이 길어진다는 의미로 'U'자형 회복을 이야기했다. 심지어 충격 받은 경제가 빨리 회복되지 못하고 침체 상태가 길게 이어지는, 'L'자형으로 갈 가능성까지 고려해야 했다. 이는 이미 저조한 경제성장률이 한층 더 떨어진다는 뜻이다.

신용
투기

금융위기 이후 금융 시스템은 정치권이나 중앙은행에서 바랐던 것만큼 튼튼해지지 못했다. 은행을 위기에 덜 취약하게 만들기 위해 많은 개혁이 이루어졌지만, 일부 개혁은 위기를 심화시켰다. 이에 관해서는 뒤에서 곧 다룰 것이다. 그리고 금융개혁은 은행 시스템이 지닌 너무도 명백해 보이는 자본의 취약성을 바꾸지 못했다. 특히 유럽에서 그랬다. 코로나19가 유행하기 훨씬 전부터 시장은 유럽중앙은행의 주식 가치를 장부가액의 절반 이하로 평가했다. 유럽재정위기가 절정에 달했던 2012년과 거의 비슷한 수준의 낮은 평가를 받은 것이다.[2] 간단히 말해, 주주들은 은행이 제공하는 숫자를 신뢰하지 않았다.

그보다 더 큰 문제는 금융 시스템 전반에서 부채 수준이 늘어나는 것이었다. 경제학자들은 이를 '레버리지leverage'라고 부르는데, 다시 말해 '지렛대lever'를 사용한다는 의미다. 이 지렛대가 투하자본 수익률return on capital employed을 높여주는 역할을 했다. 레버리지의 역할에 대해 쉽게 알아보자.

100유로짜리 주식을 한 주 산다고 해보자. 이 주식은 1년에 10유로씩 꾸준히 배당금을 지급한다. 이 주식만 산다면 10%의 수익률을 얻는다. 하지만 은행에서 100유로를 빌려 총 200유로로 한꺼번에 두 주를 사면 수익률은 더 높아진다. 은행이 요구하는 대출금리가 5%라면, 배당금 가운데 5유로를 은행 이자로 지급하고도 15유로가 남아 수익률은 15%가 된다. 그래서 은행에서 400유로를 빌려 원래 가지고 있던 돈 100유로를 합해 주식을 다섯 주 샀다고 하자. 이 경우 50유로의 배당금을 받아 20유로를 은행에 지급하고 나면(400유로의 5%), 우리는 30유로를 얻는다. 내 돈으로 투자한 금액의 30%에 해당하는 수익률이다!

시간이 흐르면서 다른 사람들도 서서히 이 '거래 방식'을 깨닫게 되고, 주식을 사는 데 기꺼이 더 많은 돈을 지불하게 된다. 그래서 주식 가격이 140유로로 오르면, 우리는 충분한 가격 이득을 얻을 뿐 아니라 상당한 양의 자본도 얻는다. 300유로(원금 100유로에 주가 상승으로 얻은 200유로를 합한 금액)의 자본 덕분에 대출을 통해 얻는 '이익$_{margin}$'도 늘어난다. 배당 수익률$_{dividend\ yield}$은 10%에서 7%로 떨어지지만, 은행의 대출금리보다는 여전히 높다. 여기서 840유로를 더 빌려 주식을 또 산다. 이제 여러분은 1540유로 상당의 주식 11주를 가지고 있고, 대출 금액은 1240유로다. 300유로라는 자본에 대한 수익률은 16%로 떨어졌지만 총 잉여금(배당금에서 이자를 제한 금액)은 30유로에서 48유로로 늘어난다.

그러므로 배당 수익률이 대출 이자율보다 높기만 하면 더 많은 대출을 받을 이유가 된다. 이것이 바로 레버리지 효과다.

지금까지 설명한 것처럼 레버리지는 아주 재미있는 효과를 낸다. 더욱이 1980년대 이래로 레버리지는 부의 확대 뒤에 숨어 있던 주요 원동력이었다. 게다가 상황이 나빠지면 언제나 중앙은행이 나서서 사태를 해결해줄 것이고 돈을 좀 더 싼 값에 이용할 수 있을 것이라는 생각이 사람들 머릿속에 자리 잡게 되면, 사람들은 더 큰 위험을 기꺼이 부담하려고 한다. 지난 몇 년간 중앙은행이 부추겨왔던 이런 접근법이 금융위기를 불러온 정확한 원인이다.

하지만 이 방법이 효과가 있으려면 채권·주식·부동산·예술작품 등 어떤 자산이든 간에 구매한 자산의 가격 상승분이 금융비용(대출금리)보다 커야 한다. 자산가격이 더 오르지 않거나 또는 금융비용이 상승하면 위험해진다. 채권자는 더 많은 담보, 즉 '마진콜margin call'*을 요구할 것이고, 채무자는 정해진 기간 안에 합의된 수준으로 되돌려놔야 한다. 그리고 대개 그 기간은 매우 짧다. 이를 이행하지 못하면 채무자의 자산이 매각된다. 일단 채무자의 자산 매각이 시작되면 가격은 빠르게 하락하고, 이로 인해 더 많은 투자자가 어려움을 겪게 된다. 가격 하락 속도는 더욱 빨라지고 결국 시장은 붕괴한다.

이것이 바로 상승기의 가격 상승률보다 훨씬 더 빨리, 더 큰 폭으로 자본시장이 침체되는 이유다. 자본시장 침체가 위험한 이유는 그 속도가 매우 빠르기 때문이다. 채무자뿐 아니라 채권자까지 빠른 시간 안에 모든 걸 잃을 수 있다. 대출이 상환 불능 상태에 빠지면 자기자본 비율이 낮은 은행은 순식간에 파산에 이르게 된다. 은행이 지닌 자산의 가치는 부채 금액 이하로 떨어진다. 그러고 나면 시장 참가자(은행·보험회사·투자기금)들은 서로의 신용 상태

---

* 선물계약 기간 중 선물가격 변화에 따른 추가 증거금 납부 요구. 손실 보전금이라고도 함.

에 대해 의심하기 시작한다. 그래서 자본을 회수하려 하고 신규 대출을 중단한다. 전체 금융 시스템은 붕괴 위기에 처하게 된다. 이것이 바로 정확히 금융위기 당시에 일어났던 상황이며, 이를 막을 수 있는 유일한 방법은 정부의 자금 지원과 중앙은행의 새로운 자금 공급이 최대로 이루어지는 길뿐이다.

지금까지 살펴본 과정에서 나타난 역학관계를 느껴보고 싶다면 영화 〈마진콜: 24시간, 조작된 진실Margin Call〉을 추천한다. 은행가로 나오는 케빈 스페이시는 자신의 트레이더에게 다른 은행보다 먼저 내일이면 쓸모없어질 유가 증권을 팔아버리라고 강요하는 역할을 맡았다. 이 영화는 2008년 금융위기 시발점의 상황을 암시한다.

레버리지

앞의 예에서는 레버리지 효과를 투자자 차원에서 살펴보았다. 하지만 레버리지 효과는 회사 차원에서도 나타난다. 기업 경영자도 적은 자기자본에 차입금을 많이 투입해 기업을 운영하면서 자기자본 이익률return on equity을 높일 수 있다. 앞서 설명한 바와 같이 총자본 이익률보다 대출금리가 낮은 한, 어느 것이든 부채 구성 요소가 늘어나면 자기자본 이익률이 높아진다. 지난 10년 동안에는 금리가 전례 없이 낮았기 때문에 이런 방식으로 수익률을 쉽게 높일 수 있었다.

그 결과 미국과 유럽 기업들은 자연스레 부채 규모를 엄청나게 늘려왔다. 이러한 상황은 두 가지 지표를 통해 확인할 수 있다. 미국과 유럽 기업의 부채 수준은 10년 전보다 높은 반면, 부채의 질이 그 어느 때보다 좋지 않다. 점점 더 많은 기업이 너무 많은 부채를 안고 있어 기업 신용도를 평가하는 신용평가 기관에서도 이러한 부채가 지속될 수 있으리라는 생각은 거의 하지 않는다.

경제협력개발기구OECD의 자료에 따르면, 2019년 말 기준 비금융기업의 회사채 발행 잔액은 13조5000억 달러였다. 2008년 이후 실질적으로 두 배 높아진 규모다. 기업 부채가 가장 많이 늘어난 지역은 미국으로, 연방 정부 추정치에 따르면 미국 기업의 부채는 2007년 3조3000억 달러에서 6조5000억 달러로 증가했다. 이는 GDP의 30%가 넘는 금액이다.[3] 기업 부채는 유럽에서도 크게 늘었다. OECD에 따르면 지금처럼 회사채가 악성 부채였던 적이 없었다.

이러한 기업 부채는 주로 전통 산업 분야에 속하는 기업에 집중되어 있다. 애플이나 마이크로소프트, 알파벳(구글) 같은 기술 기업들은 대체로 엄청난 현금을 보유하고 있기 때문이다. 즉, 수익성이 떨어지는 전통 산업에 속하는 기업들의 부채 수준이 특히 높다는 뜻이다. 기업 수익이 안정적으로 발생하고 금리가 낮은 수준을 계속 유지한다면, 부채 수준이 높은 건 문제가 되지 않는다. 하지만 경기 침체가 시작되면 더 이상 부채에 대한 이자를 적절히 지급할 수 없게 된다. 2019년 가을부터 국제통화기금IMF은 미국의 기업 부채로 인해 새로운 금융위기가 발생할 수 있다고 경고했다. 2009년 금융위기 절반 수준의 경기 침체가 닥치면, 190억 달러 이상의 부채를 지닌 기업은 자신의 이자를 갚을 만큼의 이익을 내지 못할 것이다.[4]

코로나19 위기가 찾아오기 전, 미국의 모건스탠리 투자은행이 계산한 바에 따르면 미국 기업 6개 중 하나는 이자를 지급할 만큼 충분한 현금 흐름을 창출하지 못하는 것으로 나타났다. 이처럼 채무를 상환할 능력이 없는 '좀비zombie 채무 기업'은 채권자가 대출을 추가로 허용할 의향이 있을 때까지만 살아남을 수 있다.

채무 기업의 상태가 나빠지고 있다는 건 시장에서 '레버리지 론leveraged loan'을 살펴봐도 분명히 드러난다. 레버리지 론은 은행이 채무가 아주 많은 기업을 위해 마련한 대출 상품이다. 이 상품에 '레버리지'라는 이름이 붙은 이유는 채무 기업이 자산이나 수익 수준과 비교했을 때 일반적으로 용인되는 수준보다 부채를 훨씬 많이 지고 있기 때문이다. 그렇기 때문에 이러한 대출은 특히 위험하다. 세계 시장에서 레버리지 론의 규모는 1조3000억 달러 정도로 추정된다.

레버리지 론은 주로 기업을 인수하거나 자사주 매입을 위한 자금 융통에 사용된다. 어느 쪽도 생산적인 용도가 아니기 때문에, 돈을 빌린 기업은 앞으로 대출금의 이자를 갚을 수 있는 능력을 키우지도 못한다. 기업은 '잘못될 일은 아무것도 없다'는 식이다. 하지만 채무자의 상환 의사나 상환 능력에 대한 확신이 떨어지면 금리는 상승하고 상황은 악화되며, 그 결과 채무 기업이 부채를 상환할 가능성은 더욱 낮아진다. 이런 식으로 상황은 급속도로 나빠진다.

자사주 매입과 기업 인수는 레버리지 효과와 같은 방식으로 작동한다. 우선 처음에 자기자본을 부채로 대체한다. 그리고 주식 재매입으로 인해 시장에 유통되는 주식의 수가 줄어든다. 자사주를 매입하는 목적은 주당순이익earnings per share을 늘리는 것이다. 기업 경영자들, 특히 미국 기업은 이런 식으로 주당순이익을 조작하는 걸 좋아한다. 경영자의 보너스가 주당순이익에 따라 달라지기 때문이다.

더 나아가 투자자가 자기자본뿐 아니라 신용을 활용해 투자금을 늘릴 때 또 다른 레버리지가 발생한다. 금리가 낮다는 조건 하에서 투자자는 수익을 높이기 위해 더 큰 위험을 부담할 수밖에 없다. 결과적으로 투자자는 이전보다 높은 가격으로 위험부담이 큰 회사채를 매수한다. 그리고 그것 때문에 회사채와 국채 사이의 금리 격차인 '스프레드spread'가 줄어든다. 그 결과 기업에는 더 많은 회사채를 발행할 유인이 생기는데, 보통 '최적점optimal point'이라 불리는 지점, 즉 신용평가 기관이 회사채에 BBB등급을 매길 때까지 발행을 이어간다. BBB는 최저 '투자등급investment grade'으로, 연기금 같은 투자자들은 이 등급의 회사채까지만 살 수 있다. 최근 유럽과 미국, 양쪽에서 이러한 회사채 시장이 폭발적으로 커졌다. 그러는 동안 신용평가 기관에서는 평가 기준을 완화했다. 2019년에는 기본적인 재무 자료가 요구 기준을 맞추지 못했음에도 불구하고 많은 회사채가 여전히 BBB등급을 받았다. 많은 경우에 등급은 오히려 더 낮게 매겨졌어야 했다.[5]

이러한 상황이 가져오는 또 다른 결과로 투자자들이 레버리지를 활용하기 시작했다. 투자자들은 자기자본 이익률을 높이기 위해 신용 대출을 이용해 회사채를 매수했다. 특히 공격적으로 투자하는 헤지펀드들은 최대 90%의 투자금을 차입으로 충당하여 국채부터 회사채, 주식에 이르기까지 온갖 종류의 유가증권을 사들이는 경우도 흔하다.

지금까지 기업, 자사주 매입, 투자자 등 세 가지 경우의 레버리지를 살펴보았다. 결국 이 모든 레버리지는 기업의 수익성에 의존한다. 현금 흐름이 계획대로 창출된다면 기업은 이자와 배당금을 지급할 수 있다. 회사채는 상환되지 않으며, 대신 만기를 맞이한 회사채는 새로 발행된 회사채로 대체된다.

한편, 사업 환경이 나빠지면 기업의 수익은 줄어든다. 대출 기관의 입장에서 이는 해당 기업의 신용이 낮아지는 일이며, 그래서 회사채가 매각되고 차입 기업이 지불해야 하는 금리는 높아진다. 회사채가 만기를 맞이하면 기업은 바로 더 큰 이자 비용을 들여 재융자refinance를 받아야 하고, 그 결과 기업 수익성에 추가적인 악영향을 준다. 그래서 기업의 주가와 회사채 가격은 계속 떨어진다. 게다가 이로 인해 기업 신용도가 하락세로 접어들어 이자율이 높아질 위험이 커지고, 그러면 기업 신용도는 더욱 낮아진다.

게다가 이런 기업의 회사채나 주식을 사들인 투자자, 특히 신용 대출로 자금 일부를 마련해 투자에 나섰던 투자자에게는 이 회사의 유가증권을 매각해야 한다는 압박이 커진다. 손해를 줄이기 위해서다. 하지만 이는 유가증권의 가격 하락 속도가 한층 빨라진다는 의미이기도 하다. 투자자들이 마진콜을 받으면 회사가 받는 압박은 더 커지고, 이자율이 높아지면서 더 큰 어려움에 봉착한다. 그래서 기업이 하락세로 접어드는 속도는 아주 빨라진다.

안전할 것이라는
환상

지금쯤 여러분은 이러한 부채가 예전만큼 문제가 되지는 않을 것이라고 생각할 것이다. 금융위기 이전과 달리 은행이 직접 대출 기관이 아니기 때문이다. 주요 투자자는 은행 대신 연기금, 보험회사, 그리고 기타 자산 운용사와 투자기금이다. 이론상 이들은 은행보다 손실, 특히 채무불이행 상황에 더 잘 대응해야 하고, 그래서 금융시장의 다른 참가자들에게 미치는 영향도 크지 않아야 한다.

하지만 이러한 금융 시스템이 위기에 덜 취약할 것이라는 희망은 헛된 생각이다. 은행은 우리가 알고 있듯 직접 대출을 줄였을 뿐 아니라 규제로 인해 장부상에 유가증권 포트폴리오를 가지지 못한다. 그 결과, 더 이상 금융위기 이전처럼 '시장 조성자market maker' 역할을 하지 않고, 시장이 작동하도록 충분한 유동성을 공급하지도 않는다. 이는 특히 채권시장에서 문제가 되는데, 사실상 각 채권마다 독특성을 지니고 있고, 채권에 대한 신뢰가 상실되었을 경우 거래가 매우 빠르게 불가능해지거나 거래가 가능하다고 해도 가격 변동이 극심하기 때문이다. 이로 인해 순식간에 시장에 신뢰성의 위기가 찾아오고, 이것이 다른 채무자가 발행한 채권에도 영향을 줄 수 있다.

신용 상태가 상당히 악화되고 시장에 신용평가 기관으로부터 BBB등급을 받은 채권이 많아지면 투자자가 채권을 매각할 위험도 커진다. 규제 때문에 투자자는 유가증권의 신용 등급이 떨어질 경우 채권을 계속 보유할 수 없다. 예를 들어 보험회사와 연기금은 '투자 적격 등급'의 상품에만 투자한다. 만일 투자한 상품을 매각해야 할 경우 이로 인해 상품 가격은 떨어지게 된다. 사려는 사람이 별로 없는 데 반해 팔려는 사람이 많기 때문이다.

회사채에 문제가 생기면 비록 직접 돈을 빌려준 건 아니지만 은행도 영향을 받는다. 채권자가 채무자의 채무 상환 능력에 의문을 제기하기 시작하면 대출금리가 올라간다. 그러면 은행에서 승인한 대출 상품에도 상환 불이행이 나타나고, 이로 인해 은행 담보의 가치가 떨어진다.

금리가 낮은 상황에서 개인 투자자도 기관 투자자와 같은 어려움을 겪었다. 은행은 거래되는 투자펀드를 실질적으로 '무위험 risk-free'이라고 홍보했다. 이런 상품은 저렴할 뿐 아니라 언제든 매도할 수 있었다. 하지만 알려지지 않았던 부분은, 특히 회사채에 투자하는 펀드의 경우 위기 상황에서 매도가 불가능하거나 가격을 아주 싸게 할인해야만 매도할 수 있다는 사실이었다. 그러므로 시장은 사람들이 생각하는 것만큼 유동적이지 않다. 시장에 패닉이 찾아오면 이로 인해 더욱 나락으로 떨어질 뿐이다.

이는 오래전부터 알려진 사실이었다. 디플레이션에 대응하기 위해 중앙은행이 채권을 사들일 때마다 실제로 레버리지라는 괴물을 어떻게 살찌우는지 누구나 볼 수 있었다. 전문가들은 규제 때문에 시장에서 빠져나갈 방법이 줄어들었다는 것도 알고 있었다. 하지만 모두가 이렇게 믿었다. '상황이 어려워지면 언제나 중앙은행이 개입하기 때문에 괜찮을 거야'라고. 자산가격은 계속 상승했고, 사람들은 경쟁적으로 레버리지를 활용했다.

2020년 1월 미국 주식은 너무 가격이 올라 시장이 붕괴한 상황이 아닌데도 낮은 수익률밖에 기대할 수 없었다. 이때보다 주식 가격이 더 비쌌던 건 2000년 1월 신경제New Economy 거품이 터지기 직전과 1929년 대공황 이전뿐이었다. 그런데도 사람들은 주가 상승을 축하했고, 전문가들은 사고가 터지면 개인 투자자들보다 빨리 시장에서 벗어날 수 있다고 생각했다.

그 시점은 다가오고 있었다. 세계 경제는 취약한 상태였고, 미국과 중국 사이의 무역 갈등은 해결의 기미가 전혀 보이지 않았다. 그리고 북한에서부터 이란에 이르기까지 지정학적 문제들이 언제든 격화될 것 같았다. 브렉시트의 결과도 확실치가 않았다. 그리고 투자자들은 시장에 뛰어들 준비가 되어 있었다.

사실 경기순환주, 원자재, 신흥 시장은 훨씬 오래전부터 약점을 드러내고 있었다. 미국에서 국채금리는 2018년 여름 이래로 계속 떨어졌다. 2019년 8월 미 연방준비은행(이하 '연준')은 그때 이미 시장에 개입할 수밖에 없었다.

그래서 22개월에 걸쳐 6800억 달러 규모의 자산을 줄인 뒤, 코로나19 위기가 찾아오기 전 이미 단기 금융을 위한 환매조건부 채권매매시장repo-market을 안정화시키기 위해 1조 달러 이상을 투입해 채권을 사들였다. 이러한 유동성 부족 사태는 레버리지를 많이 이용하는 헤지펀드 때문에 발생한 것이었다. 주식시장은 계속 상승세를 이어갔지만 코로나19 사태 훨씬 전부터 경고 신호는 분명히 켜져 있었다.

그런 경고 신호를 심각하게 받아들였어야 했다. 경고 신호가 가리키는 방향은 전부 동일했다. 세계는 점점 경기 침체와 디플레이션의 일본을 뒤따르고 있었다.

코로나19가
호시절을 끝내다

부채 비율은 높고, 자기자본은 적고, 점점 투기가 번져가는 혼조의 상황 속에서 어느 날 갑자기 코로나19가 찾아왔다. 그리고 코로나19는 보기 드문 상황을 만들어냈다. 금리는 제로에 가까워 심지어 마이너스인 경우도 있고, 리스크는 대체로 은행 시스템에서 벗어나 있는데도 불구하고 금융위기를 맞이해야 했기 때문이다. 위험의 크기는 채권 만기를 통해 확인할 수 있다. 미국에서는 평가 등급 BBB나 그 이하에 해당하는 채권 약 8400억 달러분이 올해(2020년) 만기가 돌아온다. 현재의 경제 상황을 감안하면 상당수의 기업이 이 채권을 차환하는 데 상당한 어려움을 겪을 가능성이 크다. 고정 비용이 많이 드는 기업(산업 부문이 많이 몰려 있는)에서 특히 큰 타격을 입을 것이다.

레버리지 게임은 다음과 같이 상황을 역전시킨다.

- 차입을 많이 한 기업은 갑자기 현금 흐름이 나빠졌다는 사실을 알게 된다. 이는 기업 수익에 불균형적인 악영향을 주고 채무에 대한 이자 상환 능력이 위험에 빠진다. 기업의 신용 등급이 흔들린다. 차입금이 많은 기업의 주가는 자연히 큰 폭으로 떨어진다.

- 이러한 기업의 회사채를 가진 사람은 불안해져 채권을 팔고 싶어 한다. 그리고 시장 유동성이 생각과는 다르다는 것을 깨닫는다. 그래서 매도 압력이 거세지고, 주가는 떨어지기 시작한다.

- 주식시장에서는 이미 과도해져 있는 수익 기대치를 유지할 수 없다는 것을 알게 된다. 우선 투자자들은 다른 투자자가 자신보다 먼저 주식을 매도할지도 모른다는 생각에 두려워한다. 결과적으로 주가가 떨어진다.

- 신용 대출로 투자한 사람은 전부 불안을 느낀다.

- 매도 행렬이 시작된다. 마진콜이 늘어나고, 이제는 현금이 관건인 상황이 된다. 이 때문에 모든 상품의 가격, 심지어 금, 때로는 국채 가격까지 떨어지게 된다. 이것이 '디레버리지deleverage' 현상으로 레버리지가 일어났던 과정을 초고속으로 뒤집는다. 이런 상황에서는 '패닉에 빠지려면 먼저 빠져라!'라는 좌우명을 따른다.

이 상황은 다음과 같은 양상을 보여준다.

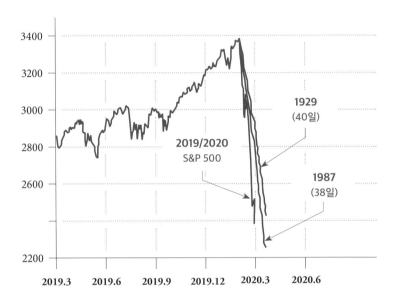

그림 2. 1929년과 1987년을 비교한 하락장

출처: 뱅크오브아메리카 글로벌투자전략, 블룸버그BofA Global Investment Strategy, Bloomberg

채권시장은 그만큼 큰 타격을 입었다. 앞서 설명한 상황을 생각하면 놀라운 일도 아니다.

코로나19는 이미 투자가 아니라 투기로 점점 변질되던 경제의 근본적인 문제를 드러냈을 뿐이다. 투자자들은 시장을 떠났다.

그림 3. 기록적인 투자금 유출로 어려움을 겪는 채권시장

뮤추얼 펀드와 채권형 상장지수펀드의 주간weekly 흐름(단위: 10억 달러)

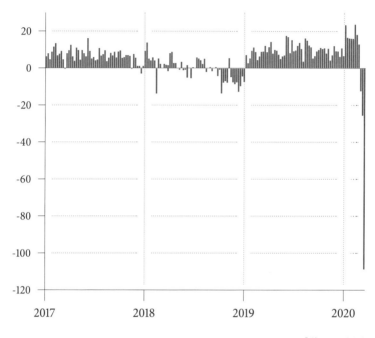

출처: EPFR Global

코로나19는 실물 경제에 부정할 수 없는 영향을 미쳤다. 또한 중앙은행의 저렴한 자금을 이용해 레버리지를 최대로 늘렸던 금융시장에도 영향을 주었고, 이로 인해 가뜩이나 나쁜 시장 상황이 한층 더 악화되었다.

우리는 금융위기 때 그랬던 것처럼 디플레이션 충격에 대처하고 있다. 자산가격의 하락은 과다 대출 상황을 불러온다. 점점 더 많은 경제 참여자들이 차입 수준을 높여왔기 때문이다. 결과적으로 1930년대 대공황 시기처럼 파괴적인 효과를 불러오는 파산의 물결을 피할 수 없을 것이다.

어빙 피셔Irving Fisher 전 예일대학교 교수는 그의 논문 〈대공황의 부채 디플레이션 이론Debt-Deflation Theory of Great Depressions 〉[6]에서 이 과정을 아래와 같이 생생히 보여주었다. 이는 정치권이 용기 있게 시장에 개입하지 않는다면, 우리 앞에 놓인 상황을 포함해 모든 디레버리지 상황에서 나타날 모습이다.

"가령 어느 순간 과다 채무 상황에 처했다고 하면 채권자나 채무자, 혹은 양쪽 모두에서 경고 신호를 느끼고 부채를 청산하려한다. 그에 따른 결과가 나타나는 과정을 다음 아홉 단계로 요약할 수 있다. (1) 부채 청산을 위해 투매를 한다. (2) 은행 대출이 상환되고 화폐의 유통 속도가 줄어들면서 예금 통화가 축소된다. 그리고 투매 때문에 예금 통화 축소와 화폐 유통 속도의 감소는 더욱 촉진되고 이로 인해 (3) 물가가 하락한다. 즉, 달러화의 가치가 높아진다. 앞서 이야기한 것처럼 통화 재팽창reflation이나 다른 현상이 물가 하락 추세를 방해하지 않는다고 가정하면 (4) 기업 순가치는 추가로 더 하락해 파산과 (5) 수익 하락을 불러오고, 개인 수익 사회인 자본주의 하에서 수익 저하는 손실 우려 경향 때문에

⑹생산량 감소와 무역 및 고용의 감소를 가져온다. 이러한 손실, 즉 파산과 실업은 ⑺비관주의와 신뢰 상실로 이어진다. 이는 결국 ⑻돈을 비축하는 현상으로 이어져 화폐 유통 속도는 더욱 느려진다. 이상 여덟 단계의 변화로 ⑼이자율에 복잡한 혼란이 생겨난다. 특히 명목 금리, 즉 명목 화폐가치는 하락하고, 실질 금리, 즉 물품 화폐가치는 상승한다."

피셔 교수는 과다 채무와 디플레이션이 만나면 파괴력을 지니게 된다며, "두 가지 질병은 서로 움직이며 반응한다"고 말했다. 과다 채무가 디플레이션을 가져오고, "반대로 부채로 인해 발생한 디플레이션이 부채에 반응한다. 아직 상환되지 않은 부채 1달러는 점점 가치가 커지고, 애초의 과다 부채 금액이 아주 컸다면 부채 청산 속도가 여기서 야기된 가격 하락 속도를 따라잡지 못한다. 그럴 경우 부채 청산 작업 자체가 문제가 된다. 부채 청산 작업을 통해 빌린 달러의 절대 금액은 줄겠지만, 달러의 가치가 높아지는 속도를 따라잡을 만큼 청산이 빠르게 이루어지지는 않기 때문이다."

이 과정에서 나쁜 투기꾼들만 영향을 받는 게 아니다. 신용 거래를 해야 했던 모든 이들이 영향을 받는다. 마침내 레스토랑, 호텔, 수공업자, 제조회사 등 경제 전반에 영향을 미친다. 소득이 없어지면 누구나 즉시 지불할 수 없는 재정상의 부채, 즉 월세·이자·원금·임금·세금·사회보험 등을 떠안게 된다. 이런 비용은 손님

이 전혀 없는 경우에도 지불해야만 한다.

피셔 교수는 이러한 침체에서 벗어날 두 가지 방법을 제시했다. 한 가지는 오랜 시간 동안 파산, 실업, 굶주림의 과정을 거쳐 자연스럽게 빠져나오는 방법이고, 다른 한 가지는 인위적으로 노력해 재빨리 빠져나오는 방법으로, 미해결 부채가 줄어들고 기존 채권자가 받아들일 정도의 평균 수준까지 통화를 재팽창시키는 것이다.

중앙은행이 피셔 교수가 남긴 교훈을 따르다

금융시장의 침체는 실물 경제에도 문제가 된다. 금융시장과 실물 경제는 서로 이어져 있기 때문이다. 시장 참가자들이 정치권에서 경기 침체를 막을 수 없을지도 모른다는 의심을 갖게 된다면, 금융시장 리스크는 더 커질 것이다.

이 책을 쓰고 있는 2020년 4월 초에 미 연준은 이미 피셔 교수가 제안한, 무슨 수를 써서라도 통화를 '재팽창'시키기 위해 엄청난 부양 정책을 내놓기 시작했다. 지난 세월 투자자와 기업이 사상 최대의 레버리지를 이용해 투기를 하는 무모한 모습을 보였는데, 이는 저렴하게 자금을 조달할 수 있고 상황이 어려워지면 중앙은행이 구제해주리라는 암묵적인 보장이 있었기에 가능했다.

통화 재팽창은 중앙은행이 사태를 해결하기 위해 사용할 수 있는 유일한 방법이다. 이는 또 다른 도덕적 해이를 보여주는 심각한 사례지만, 1930년대처럼 대공황을 일으키는 건 절대 대안이 될 수 없다. 4월 초 미 연준은 BBB등급 이상의 회사채를 직접 매입하는 것뿐 아니라 소위 '정크본드junk bond'라 불리는 채권, 즉 상상지수펀드ETF를 통해 BBB보다 낮은 등급의 회사채까지 매입하기로 결정했다. 앞서 설명했던 것처럼 현재 상황과 취약한 금융시장의 상태를 생각하면 그리 놀랄 일도 아니다.

하지만 미 연준의 이 정책은 진짜 경제를 위한다기보다는 투기꾼에게 도움을 주고 있다는 사실을 분명히 짚고 넘어가야 한다. 〈파이낸셜 타임스〉에서도 "정크 본드 매입 정책의 수혜자는 레버리지를 과도하게 사용한 사모펀드와 건전하지 않은 대출자들임이 분명하다"고 썼다. 이 정책은 '대규모 도덕적 해이 사례'라고 비난받았다.[7] 당연한 말이다.

뒤에서 살펴보겠지만 이는 시작에 불과하다. 이런 정책은 더 많이 나올 것이며 여러분이 이 책을 읽고 나면 이미 실행되고 있을 것이다.

제3장

최후의
충격을
안긴

코로나19

2020년 1월 약화된 경제와 취약한 금융 시스템 앞에서 긍정적인 상황이 지속되긴 어려워 보였다. 금융시장과 실물 경제 사이의 괴리는 너무 컸다. 화폐가치를 낮추는 정책이 실물 경제와 자산시장에 미치는 부정적인 영향은 부인할 수 없었다.

금융시장 폭락에 이어 경기 침체가 닥칠 것이 너무 분명했다. 정확히 이런 이유로 국제통화기금·경제협력개발기구·세계은행 등 국제기구의 요구는 점점 커졌다. 각국 정부가 다음 불황에 대처할 정책 수단을 실시하고 중앙은행과 긴밀히 협력해 정부 지출 정책을 시행하는 등 스스로 대비하라는 것이었다.

어떤 일을 계기로 다음번 불황이 시작될지는 아무도 몰랐다.

그리고 얼마나 끔찍한 상황이 벌어질지 추측할 수 있는 사람도 없었다. 그리고 코로나19가 나타났다. 그건 전혀 생각조차 할 수 없었던 크나큰 사고를 만난 셈이었다. 많은 사람이 예상하지 못했던 '블랙 스완black swan*'이었다. 사실 '블랙 스완'이라는 용어는 2007년 베스트셀러 《블랙 스완》이라는 책에서 저자 나심 탈레브Nassim Taleb가 처음 사용했다. 그는 인터뷰를 통해 코로나19 팬데믹은 예상하고 준비할 수 있었기 때문에 진정한 블랙 스완 사건으로 보기 어렵다고 지적했다.[1] 그럼에도 코로나19는 지금까지의 경제 충격을 모두 덮어버리는 충격적인 사건이었다. '모든 경기 침체의 어머니'라고 한다면 절제한 표현일까?[2]

코로나19가 경제에
영향을 주는 방법

코로나19는 경제에 소위 '외생 충격exogenous shock'을 주었다. 경제 환경이 갑자기 근본적으로 바뀌어버린 것이다. 경제학자들은 다음과 같이 이야기한다.

---

* 극단적으로 예외적이어서 발생 가능성이 없어 보이지만 일단 발생하면 엄청난 충격과 파급효과를 가져오는 사건을 말함.

- 공급의 외생 충격: 재화와 용역의 공급량이 크게 변했다. 부정적인 사례 두 가지가 떠오른다. 첫 번째는 1970년대에 나타난 유가 충격이었다. 당시 원유 가격이 현저하게 비싸졌다. 유가 상승은 경제 전반에 부정적인 영향을 주었고, 세계적인 경기 침체와 인플레이션을 일으켰다. 두 번째는 동유럽과 중국이 세계 시장에 개방된 일이다. 세계 노동 공급량이 확대된 것 또한 경제에 충격을 주었다. 이로 인해 산업화된 선진국에서는 임금 하락 압박이 이어졌다.

- 수요의 외생 충격: 재화와 용역에 대한 수요량이 크게 변했다. 예를 들어 새로 부과된 관세로 인해 수요가 크게 위축되는 것은 보호주의 조치 때문에 발생하는 것이다.

코로나19는 처음에 공급의 외생 충격처럼 움직였다. 중국에서는 수출량의 거의 90%를 차지하는 공장들이 문을 닫았다. 전 세계의 생산이 공급 부족으로 인해 단시간 안에 멈추리라는 건 예상 가능한 일이었다. 이는 경제정책 측면에서는 비교적 쉽게 다룰 수 있었을 만한 충격이었다. 피해를 본 기업에 유동성을 지원하고, 직원들의 근로 시간을 단축했을 것이다. 그러다 보면 어느 시점에 공급 부족 상황이 종료되고 필요한 부품이 배송된다. 공장은 재가동을 시작하고 조업 중단으로 인한 손실분은 몇 주 안에 보충했을 것이다. 이것이 'V자'형 시나리오로, 일시적으로 심각한 침체가 일어나지만 빠르게 회복하는 모습을 보여준다.

이 단계에서도 수요 충격은 있었지만, 서구 국가에서는 대체로 알아차리지 못할 정도였다. 하지만 중국에서 수요는 크게 하락했다. 예를 들어 차량 수요는 90% 넘게 줄었다. 당연한 이야기지만 의학적 위급 상황에서 격리 중인 사람들은 신차를 구매하기보다 다른 데 더 관심이 있었다. 중국으로 수출하던 기업에 이는 큰 문제였고, 코로나19가 중국 내 특정 지역에 국한된 것으로 여겨지던 때부터 이미 문제였다. 중국에서 수요가 감소했다는 것은 2020년 세계 경제권의 경기 침체가 이제 임박했다는 예고였다.

유럽은 이미 'U자'형 시나리오에 빠질 위험에 처해 있었다. U자형 침체에 빠지면 경기가 회복되기까지 V자형보다 시간이 더 걸린다. U자형 시나리오의 경우에도 경기 회복을 위한 정책 수단은 간단하다. 수출 기업에 관한 한 마찬가지로 유동성을 제공하고, 근로 시간을 단축하는 방법으로 문제를 해결할 수 있을 것이다. 경기 회복이 얼마나 빨리 이루어질지 불확실하기는 하지만, 그래도 그것은 단지 시간문제일 뿐이다.

하지만 코로나19는 중국 내에만 머무르지 않고 전 세계로 퍼져나갔다. 중국과 인접한 국가인 대만, 베트남, 싱가포르는 발병 초기부터 바이러스 전파를 막기 위해 빠르게 대처했다. 한국은 검사와 방역 조치, 그리고 뛰어난 의료 시스템을 활용해 코로나19 팬데믹 상황을 통제할 수 있었다. 하지만 서구 국가들은 처음에 이 위기를 과소평가했고, 팬데믹에 대비한 조치를 거의 취하지 않았다. 그 결과 팬데믹 발생 이후 한층 더 실행하기 힘든 혹독한 조치를 취해야 했다.

사실상 공공 생활을 멈추는 엄중한 조처를 실시한 탓에 상품과 서비스의 생산이 줄었고, 결과적으로 공급 충격이 나타났다. 동시에 수요 측면에서 엄청난 충격이 발생하는데, 이는 공급 충격보다 훨씬 좋지 않은 현상이다. 공포심 때문에 일시적으로 나타나는 사재기 수요를 제외하면 경제 전반의 수요가 매우 감소했다.

이전에 한 번도
없었던 불황

이처럼 수요가 감소하는 현상은 '일반적인' 경기 침체와는 다르다. 국제 교역이 동시에 줄어들고, 이로 인해 국내 및 해외 수요가 감소할 뿐 아니라 수요가 감소하는 방식도 이전과는 완전히 달라진다. 일반적으로 경기가 침체할 때는 주로 내구 소비재 제조업체, 자본재capital goods와 그 공급업체가 영향을 받는다. 이로 인해 여행업에서부터 식당, 극장에 이르기까지 경제의 다른 모든 부문에 간접적으로 어려움이 닥친다.

하지만 코로나19로 인한 경기 침체는 모든 사람을 덮쳤다. 일반적인 경기 침체의 상황에서는 간접적인 어려움만 겪었을 경제

부문에도 직접적인 영향을 주었다. 그것도 100%로 말이다.

극장을 생각해보자. 경기가 어려워지면 사람들은 절약하기 시작하고, 이전보다 극장에 가는 횟수를 줄인다. 그 결과 극장의 수익은 줄고, 극장은 고용 직원 수를 줄인다. 극장의 수익이 줄어, 손실을 보는 곳도 생긴다는 건 매우 안타까운 일이지만, 이것이 극장의 존망 자체에 위협이 되는 건 아니다. 일반적인 경기 침체기에도 파산하는 기업이 생기지만 이는 자연적인 도태 과정이다(개인으로서는 이 또한 고통스러운 일이지만 말이다). 더 강한 기업이 살아남아 경제는 전반적으로 좀 더 경쟁력을 갖추게 된다.

하지만 지금 우리는 몇 퍼센트 정도의 판매량 감소에 대처해야 하는 상황이 아니다. 상점, 호텔, 식당이 문을 닫아야 한다면, 더 이상 어느 누구도 여행하지 않고 모든 사람이 집에 머무른다면 판매 수익은 영(0)이 될 것이다. 대부분의 경우 판매량이 10% 이상만 감소해도 이미 사업체의 존립에 위협이 된다.

우리는 누구나
빚을 지고 있다

이러한 역학 관계는 좀 자세히 들여다볼 필요가 있다.

한 명의 노동자를 생각해보자. 그가 일자리를 잃으면 소득(본질적으로 매출액)은 영(0)으로 떨어진다. 이 사람이 먹고 자는 건 공짜로 해결할 수 있다고 가정하면, 소득이 없는 것은 그리 큰 문제가 아니다. 존재를 위해 필요한 것들은 갖추었기 때문이다. 하지만 현실은 다르다. 누구에게나 생존을 위한 유지비가 필요하다. 식비, 주거비, 그리고 '사회 참여'를 위한 어느 정도의 비용 등이 그것이다. 그래서 저축한 돈이 있다 하더라도 지속적인 소득이 필요하다. 저축한 돈으로는 일정 시간밖에 버틸 수 없기 때문이다.

현대 복지국가는 개인 노동자를 위한 제도를 잘 갖추고 있다. 특히 1929년 세계 경제위기와 빈곤의 물결이 낳은 정치적 영향의 결과로, 실직 노동자는 고용보험을 통해 실업 수당을 받을 수 있다. 물론 지원 정도는 나라마다 다르다. 서유럽에서는 사회복지 제도가 잘 발달되어 있고, 경제적 충격 속에서 안정 장치 역할을 한다. 반면 미국의 사회보장 제도는 서유럽만큼 포괄적이지 않다. 이번에 미국 정부가 납세자 1인당 1200달러를 직접 지원하는 긴급 조치를 취한 이유이기도 하다.[3]

독일의 경우 저축액이 충분하지 않을 경우 국민 누구나 사회보장 혜택을 신청할 수 있다. 여기서 첫 번째 문제가 발생한다. 언뜻 보기에 보험이 작동하고 있는 것 같지만, 국민 개인은 우선 자신의 저축액부터 써야 한다. 일반적인 시기라면 적절한 접근법이다. 개인이 가능한 빨리 새 직장을 구하도록 인센티브를 주려는 것이기 때문이다. 이 정책은 실증 연구에서 얻은 자료를 바탕으로

한 것이다. 그 연구 결과에 따르면 실직 기간이 길어질수록 일자리를 얻을 가능성이 낮아진다고 한다.

하지만 지금 우리가 경험하고 있는 수요 충격의 경우 완전히 잘못된 접근법이다. 수요 충격이 발생한 경우에는 개인의 저축액이 줄어들면 오히려 저축 성향propensity to save이 커지고, 이로 인해 위기의 급성기가 지난 뒤에도 수요는 회복되지 못한다.

개인의 차원에서 추가적인 부채가 없다고 가정하면 존재의 위협을 느끼지는 않는다. 나와 가족의 생존필수품은 보장되어 있기 때문이다. 많은 사람이 재정적으로 제한된 상황에 놓이겠지만 일시적인 현상에 지나지 않는다. 하지만 아직 갚지 못한 대출금 등 추가적인 부채가 있다면 문제가 된다. 사회 지원 금액으로는 충분하지 않아 더 이상 부채를 상환하지 못할 수도 있다. 그 결과 대출금 상환 지연이나 개인 파산의 위험이 따른다.

영업 레버리지와
재무 레버리지

지금까지 예에서 살펴보려 했던 것은 경제위기로 피해를 입은 개인이 현재 비용을 처리하는 방법에 관한 내용이었다. 이제는 범위를 좀 더 넓혀 자영업자에 관해 생각해보자. 자영업은 사실상 최소 규모의 기업 단위다. 자영업자는 현재 써야 할 개인적인 비용뿐만 아니라, 월세·물품 구매·직원 월급·소득세·판매세 선납분·사회보험 부담금 등과 같은 다른 비용도 지출해야 한다.

이들이 당면한 문제가 어느 정도인지는 '영업 레버리지$_{operating}$ $_{leverage}$*'를 이용해 평가할 수 있다. 영업 레버리지 효과는 비용 구조에 따른 판매 수익 변동의 영향을 나타낸다. 예를 들어 비용이 100% 변동비라면 손실의 위험은 전혀 없다. 판매가 일어나지 않으면 비용도 들지 않는다. 그래서 수익도 없지만, 손실도 발생하지 않는다. 배달할 신문이 없으면 출근하지 않는 신문배달부를 예로 들 수 있다.

하지만 반대로 고정비 100%로 운영되는 기업이 있다. 제품을 전혀 생산하지 않아도 비용은 발생한다. 이런 경우가 있어서는 안되겠지만, 자동화와 기계 및 설비 투자로 인해 단기간에는 비용에 손을 쓸 수 없는 기업의 수가 늘어나고 있다.

〈그림 4〉는 두 요소의 관계를 나타낸다.

이 그래프에서 X축은 제조, 판매된 수량을 나타낸다. E는 판매수익이다. 즉, 수량(X)에 개당 판매가격을 곱한 금액이다. K_{F2}와 K_{F1}은 서로 다른 비용 곡선이다. K_{F2}는 시작 부분의 고정비가 높고, 뒤로 가면서 변동비가 낮아지는 구조다. 반면 K_{F1}은 고정비가

＊   회사의 영업비용 중에서 영업고정비$_{fixed\ cost}$ 등을 부담하는 정도.

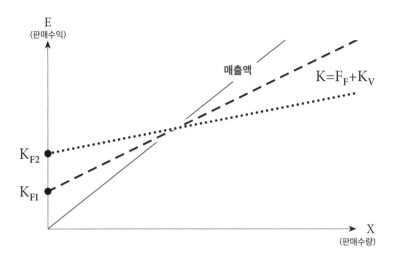

그림 4. 영업 레버리지의 효과

E
(판매수익)

매출액

$K=F_F+K_V$

K_{F2}

K_{F1}

X
(판매수량)

출처: BUSINESSTIPS > www.business-tips.de/finanzwirtschaftlicher-und-operativer-leverage-effekt/

낮고, 그래서 변동비가 높은 구조를 나타낸다. 비용선과 판매선이 만나는 지점의 왼쪽부터 손실 구간이 시작된다. 그리고 오른쪽이 수익 구간이다. K_{F2}의 경우 K_{F1}보다 아주 빠르게 손실이 상당히 커지는 것을 분명히 확인할 수 있다. K_{F1}의 경우에는 손실이 생길 때 경영자가 여전히 손을 쓸 수 있는 부분이 있다.

영업 레버리지 효과는 상대적 판매량의 변화에 대응하는 상대적 매출 총이익 비율을 측정한다. 그래서 이 예를 보면 K_{F2}는 영업 레버리지가 높고, 결과적으로 위험도 크다.

또한 판매량이 많이 감소할수록 손실도 커진다. 영업 레버리지의 크기가 어느 정도이건 변동비 100%로 운영되는 극히 드문 예외만 제외하고, 코로나19 위기 상황에서처럼 판매가 감소하면 어쩔 수 없이 손실이 발생한다.

영업 레버리지뿐 아니라 우리가 앞서 살펴본 재무 레버리지 financial leverage*도 있다. 기업에는 운영 비용뿐 아니라 이자와 상환금처럼 지급해야 할 금융비용이 있다. 외부 자금을 이용하지 않는 기업은 매우 드물어서 재무 레버리지도 중요하게 다루어야 한다. 독일 기업에서 자기자본이 차지하는 비중은 31%이고(2018), 직원 수가 10명을 넘지 않는 소규모 기업의 경우 자기자본 비중은 약 22% 정도다.[4] 많은 소기업에서 자기자본 비율은 아주 낮다.

자기자본 비율이 높을수록 기업은 안정적이다. 자기자본 비율이 낮을수록 경기가 하강할 때 파산의 위험이 크다. 기업이 파산하면 결국 경제의 추가 손실로 이어진다. 기업 붕괴가 연속적으로 이어지기 때문인데, 예를 들어 공급업체가 수금하지 못하는 상황이 되면 그 업체 또한 파산하고 만다.

자기자본과 더불어 유동성의 역할도 중요하다. 각국 정부가 경제를 지원하기 위해 유동성 공급 정책부터 내놓는 이유다. 기업이 매출액의 평균 약 6%를 현금으로 보유한다면,[5] 매출이 영(0)으로 떨어진 후 22일 뒤에는 가지고 있는 현금을 전부 소진하게 된다.

---

* 기업이 타인 자본(부채)을 보유하면서 금융비용을 부담하는 정도.

코로나19로 피해를 입은
기업의 사례

실제 사례를 살펴보자. 어느 레스토랑의 연매출액이 약 50만 유로이며, 13명의 직원이 근무한다. 이 레스토랑의 두 대표는 비용과 세금을 모두 제한 후 각각 2만5000유로씩 가지며, 이 돈으로 생활을 꾸리고 노후를 대비한다.

〈그림 5〉에 나타난 이 레스토랑의 2020년 3월 매출과 비용을 보면 문제의 심각성을 알 수 있다.

영업 중단을 선언하고 사회적 거리두기 정책을 펼친 후 매출은 약 50% 감소했다. 레스토랑은 문을 닫았고 직원은 전부 정리해고됐다. 포장 판매는 계속하고 있어서 그래도 어느 정도 매출이 발생한다. 매장 내 판매는 하지 않는다. 인건비가 줄기는 했지만 완전히 없어진 건 아니다. 정리해고 통보 기간이 있기 때문이다. 해고 통보를 받은 후 병가를 사용한 직원도 있었지만, 여전히 일하러 나오는 직원도 있다. 매상이 줄어드는데도 해고 통보 기간 동안 고용을 유지하느라 인건비가 증가했다.

전기료·수도료·가스비·청소비는 완전 변동비다. 물품구매 비용은 약간 증가했다. 구매 수량이 줄었고, 코로나19 사태가 가져온 결과에 집단 대응하려는 일반적인 상황 때문이다. 기타 비용, 즉 월세·보험료·자동차세·하수도비·운영 필요비 등은 고정비다.

그림 5. 코로나19 사태 전후의 매출과 비용

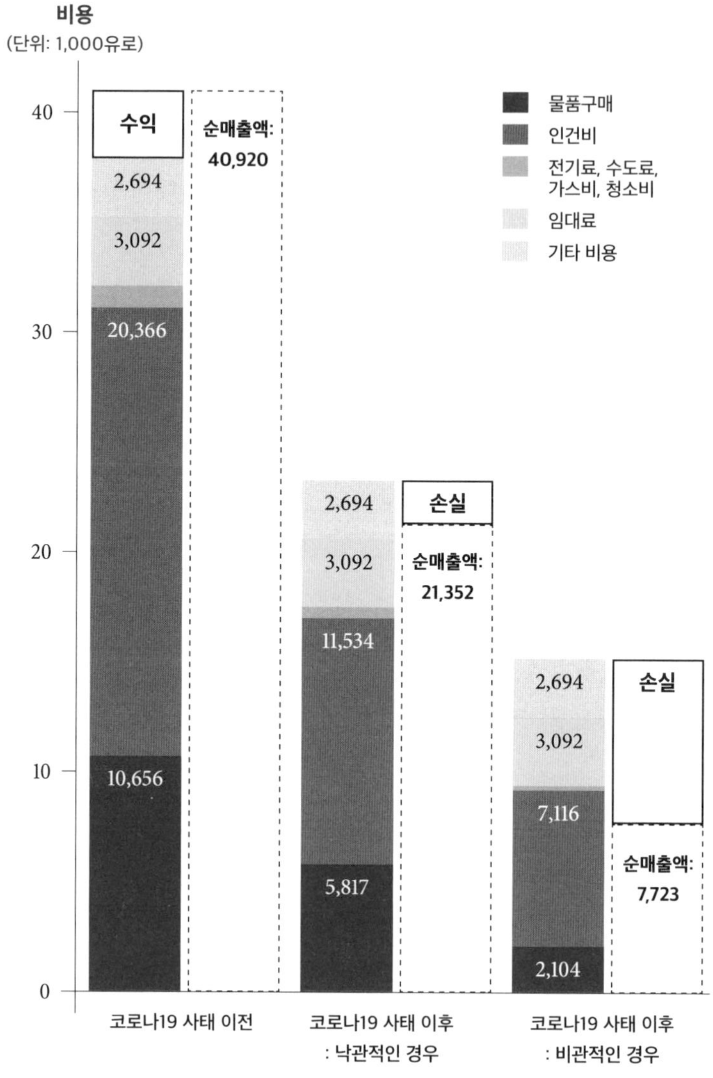

비용
(단위: 1,000유로)

	물품구매
	인건비
	전기료, 수도료, 가스비, 청소비
	임대료
	기타 비용

	코로나19 사태 이전	코로나19 사태 이후 : 낙관적인 경우	코로나19 사태 이후 : 비관적인 경우
수익			
	2,694	2,694	2,694
	3,092	3,092	3,092
	20,366	11,534	7,116
	10,656	5,817	2,104
순매출액	40,920	21,352 (손실)	7,723 (손실)

출처: 회계 자료

이미 손실이 발생하고 있는 것은 분명하다. 사회적 제한이 더 심해지고 매상이 계속 줄면 사실상 레스토랑의 대표가 대책을 세우는 데 이용할 수 있는 레버리지가 남지 않는다. 그러면 손실은 더 늘어난다. 이 레스토랑은 금융 지원 없이 5월까지는 버틸 수 있을 것이다. 하지만 이들에게 대출금이 있다면 파산은 피할 수 없다. 대출금의 이자와 원금을 상환할 현금 흐름이 충분하지 않기 때문이다.

전 세계에서 수백만 개의 회사가 이 레스토랑과 같은 운명을 맞이하고 있다. 모든 사업에 항상 '사전 융자pre-financing'가 존재하는 경제 체제에서는 수요가 붕괴하면 파산의 물결을 피할 수 없다. 그러면 결국 금융 시스템도 흔들리게 될 것이다.

정부의 지원이 없다면 지금까지 발생했던 모든 글로벌 경제위기를 무색하게 할 만한 경제위기가 닥칠 것이다. 경기 침체기에 일반적으로 간접적인 어려움만 겪었던 기업도 이제는 직접적으로 힘든 시기를 맞이하게 되었다.

제4장

경제의

인위적
혼수상태

　전 세계 각국 정부와 중앙은행은 코로나19 팬데믹이 불러온 경제적 파장에 대처하기 위한 정책을 발표하고 있다. 경기 침체로 인한 피해에 대비하기 위해 공격적이고 후한 정책을 내놓는다. 정작 어디서부터 손을 대야 할지 모르는 채로 말이다.

　코로나19는 누구나 처음 맞이한 새로운 상황이기 때문에 정부나 중앙은행을 비난할 수는 없다. 금융위기 때 배운 교훈을 완전히 그대로 적용할 수 있는 것도 아니다. 현재 상황에서는 보조금 지원, 자산가격의 상향 조작, 회계 규정 변경 등의 방법으로 은행의 대차대조표를 재편성하는 방법만으로는 충분하지 않다. 훨씬 더 어렵고 많은 비용이 들지만, 실질 소득을 대체하는 작업이 필요하다.

모든 정치인은 유동성을 지원하는 방법을 쓴다. 그러면 결국 지원을 받는 기업은 차입을 더 많이 해야 하고, 극단적인 상황에서는 정부가 어쩔 수 없이 지분을 가질 수밖에 없다.

많은 기업이 부채로 인해 과중한 부담을 느끼게 될 것이다. 누가 정부 소유의 기업이 되는 걸 반기겠는가. 그래서 어느 기업이든 가능한 한 이 지경에까지 이르지 않도록 하려고 한다. 그것이 합리적 선택이다. 그래서 기업은 정리해고와 발주 취소를 통해 되도록 빨리 비용을 삭감하려 한다. 그러나 이는 결국 경기 하락세를 강화시킬 뿐이다.

시스템을 바꾸는 건
피할 수 없는 일인가

정부의 구제 금융이 유동성을 지원하는 방식으로 진행된다면, 경제 질서에는 큰 변화가 일어날 것이다. 우리는 점점 국가지배 경제를 향해 나아가고 있으며, 위기가 오래갈수록, 침체가 깊을수록 국가지배 경제가 실현될 가능성은 더 커진다. 자금 지원의 대가로 정부는 기업의 지분을 받는데, 일부에서는 이를 긍정적으로 평가한다. 이들은 금융위기 때를 떠올리면서, 정부가 기업 지분을 갖는 것이 기업의 수익은 개인에게 가고 손실만 사회가 부담하는 상황을 막는 유일한 방법이라고 말한다.

하지만 이 논리에는 결함이 있다. 금융위기 당시 어려움에 부닥쳤던 기업들은 자신들이 취했던 행동의 결과로 그런 처지에 놓였다. 이번에는 상황이 다르다. 기업에게 책임을 물을 수 없기 때문이다. 물론 대기업 경영진이 어려운 시기를 대비하지 않고 차입을 늘림으로써 지금처럼 자금 지원이 필요한 상황을 초래했다고 주장할 수 있다.

미국 항공업계는 과거 몇 년간 수십억 달러에 달하는 자사주를 매입했고, 때로는 대출을 받아 자사주를 매입한 적도 있었다. 그 점을 감안하면 '왜 이런 기업과 주주들이 정부 보조금의 혜택을 받아야 하지?'라고 묻는 것도 당연하다.

이 문제를 해결할 방법으로 기업이 구제 금융을 받는 대신, 의무적으로 국가에 지분을 넘기는 방식을 생각해볼 수 있다. 그리고 지난 5년 동안 현금 흐름의 어느 한계 이상으로 자사주를 매입하여, 지금 구제 금융을 받지 못하면 주주들이 주식 전량을 손실하는, 현저히 심각한 상황의 기업만을 대상으로 한다. 다만 상장되어 있지 않은 대다수 기업에는 이 기준을 적용하지 않고, 조건 없이 지원해야 한다.

경제 체제에서 정부가 중요한 역할을 맡게 되면, 다음과 같은 상당히 부정적인 결과가 나타날 것이다.

- 정부 지원은 효율성을 이유로 대기업에 초점을 맞출 것이다. 하지만 경제의 근간은 중소기업이고, 이들에게는 지원이 필요하다. 그러나 대출을 통해 이들을 지원하면 앞으로 수년 내에 중소기업의 힘은 약해질 것이다.

- 경쟁에 왜곡이 생길 수 있다. 공기업은 자력으로 근근이 운영되는 기업보다 유리한 입장이다. 이는 자신의 돈으로 회사 자금을 대는 사람을 벌하는 것과 마찬가지다. 국영기업의 금융비용은 자유 경제 체제에 속한 기업보다 영구히 낮은 수준일 가능성이 크다.

- 정부가 기업의 주식을 통제하고 관리해야 한다. 따라서 이 업무를 맡길 만큼 충분한 자격 조건을 갖춘 공무원이나 정치인을 찾을 수 있을지에 대해 신중하게 고민해보아야 한다.

- 우리는 금융위기 때의 경험으로 정부가 기업에서 손을 떼는 데 오랜 시간이 걸린다는 사실을 이미 알고 있다. 그러다 보니 정치인이 기업 내에서 좋은 자리를 찾거나 맡은 자리의 임기를 연장하려 들 소지가 있다. 이는 결코 기업에 좋은 일이 아니며, 정부가 기업 운영에서 빨리 손을 뗄 것이라는 점을 암시하지도 않는다.

- 정부가 지원하지 않았다면 이미 사라졌을 기업이 그대로 자리를 보존할 위험도 있다. 코로나19 이전에 제로 금리 정책으로 겨우 남아 있었던 기업이나, 혹

은 코로나19 이후의 새로운 세상에서 더는 수요가 없는 서비스나 제품을 생산하는 기업이 여기에 해당한다. 경제학자들은 이런 기업은 '좀비'라고 부르며, 이런 기업의 급증은 최근 생산성 향상에 따른 이득productivity gains이 떨어진 원인 가운데 하나다.[1] 앞으로 '좀비화'하는 기업이 더 많이 생기면 이 생산성 이득이 더욱 떨어져 미래 성장에 부담을 준다.

백도어back door를 통해 시스템에 변화가 일어나는 건 위험하다. 적어도 이 부분에 대해서는 비판적으로 검토해야 한다. 자원 집중이 커지고, 대기업을 선호하며, 사업 효율성이 아닌 정부 영향력을 중시하는 등 이로 인한 부작용이 심각하기 때문이다. 그래서 우리는 다른 전략을 추구해야 한다.

인위적 혼수상태에 빠뜨리는 일이 해결책이 될 수 있다

그렇다면 경제위기를 막으면서 또 다른 대공황에 대비하려면 어떻게 해야 할까? 나의 판단으로는, 정부 정책은 기업의 실제 당면한 문제에서부터 출발해야 하며, 자영업자에서 시작해 글로벌 기업 순으로 진행해야 한다.

코로나19가 대유행을 시작하던 때, 나는 많은 글들을 통해 실행 방법에 대해 설명했다.[2] 그건 바로 경제를 인위적인 혼수상태에 빠뜨리는 것이다. 인위적 혼수상태란 의학계에서 사용하는 치료 방법으로 다음과 같이 정의한다.

"인위적 혼수상태는 일반적인 마취 상태를 오랫동안 지속하는 것으로, 며칠 동안, 드물게는 몇 주 동안 시행한다. 마취제와 진통제로 인해 환자는 의식이 없고 통증도 느끼지 못하는, 통제 가능 상태가 된다."

경제적 관점에서는 일정 기간 우리가 모든 활동을 멈춘다는 것을 의미한다. 임금도 지급하지 않고, 월세도 내지 않고, 이자도 지불하지 않는다. 간단히 말해 경제적으로 1년 중 한 분기를 없었던 것으로 취급하는 것이다. 어떠한 판매도, 경제적 약속도 없다.

예를 들어보자. 커피숍 주인은 어쩔 수 없이 가게 문을 닫아야 했기 때문에 더 이상 월세를 낼 수 없다. 상가 주인은 월세를 면제해주고, 대신 그도 어떠한 이자나 원금을 지불할 필요가 없다. 마찬가지로 은행도 임금을 지급하거나 이자를 지불하지 않아도 된다. 모든 경제활동을 멈추는 것이다. 이렇게 3개월 동안(혼수상태가 이 정도 지속한다는 가정하에) 모든 것이 멈추면 우리는 3개월 이전으로 돌아가 그 시간부터 다시 경제활동을 시작할 수 있고, 그 사이 시간은 없었던 셈으로 친다.

하지만 안타깝게도 이것은 단지 이론상으로만 가능한 이야기다. 현실적으로는 경제를 완전히 멈출 수도 없고, 실제 지출은 여전히 발생한다. 식비 같은 것이 대표적이다.

연금 수령자처럼 경제 상황과 무관하게 소득을 얻는 사람도 많다. 그러므로 인위적 혼수상태와 최대한 비슷한 상황을 만들 수 있는 정책을 시행해야 한다. 다시 말해 코로나19로 인해 소득이 줄었거나 사라진 사람을 위한 보상도 최대한 인위적 혼수상태의 원칙에 따라 이루어져야 한다는 뜻이다. 그러면 혼수상태 이후 단계에 닥쳐올 어려움을 예방할 수 있다. 다시 한번 말하지만, 그저 한 분기는 마치 없었던 것처럼 여겨야 한다.

정치인들은 현재 기업을 위해 대출이나 정부 직접 투자의 형태로 유동성을 지원하는 방안을 제시하고 있다. 하지만 이러한 방법은 앞서 이야기했던 혼수상태의 요구조건을 충족시키지 못한다. 코로나19의 영향을 받은 사람이나 기업이 혼수상태에서 깨어나면 이전에 없었던 재정적 부담을 마주하게 되며, 보통은 해결할 수 없는 경우가 많다.

몇 가지 예를 들면, 특히 식당, 호텔, 여행업의 경우 그간 잃어버린 매출을 채우기 어렵다. 사람들은 자동차라면 몇 달이 지난 뒤에도 구매하지만, 이미 지나간 끼니를 채우려고 식당을 두 배로 자주 찾지는 않기 때문이다.

매출 손실의
보상
||||||||||||||

그러므로 사회에서 매출 손실을 대체해야 한다. 물론 손실액은 정확히 알 수 없다. 하지만 납세자가 누구인지는 알고 있다. 또한 경기 침체로 인한 타격을 받은 것은 납세자뿐이라고 자신 있게 가정할 수 있다.

납세자는 소득과 관련해 여러 그룹으로 나뉜다.

* 근로자의 경우, 실직하면 사회보장제도를 통해 소득을 보전한다. 이때 대출을 이용한 개인의 재정적 부채를 제외하고는 일에 관한 의무는 없어야 한다. 근로자를 위해서는 실업 급여와 단기 근로자의 임금을, 일시적으로 고정 금액만큼 인상하는 방법을 생각할 수 있다. 이 금액은 첫날 지급되어야 한다. 대부분 나라에서 이러한 방향의 지원책을 내놓았다. 심지어 유럽과 같은 종합적인 사회보장제도를 갖추지 않은 미국에서조차 정부는 즉각 지원을 결정했다.

* 소득세를 내는 자영업자와 기업의 경우, 지금까지의 매출액을 알 수 있다. 세무서에 소득신고 명세가 있기 때문이다. 경제적 혼수상태가 지속되는 동안, 세무 당국은 직전 소득신고 해에 신고된 연간매출액의 1/12에 해당하는 금액을 이들에게 매월 지급한다.

- **법인세를 내는 기업도 같은 방식으로 매출액을 전부 보상받는다.**

이 과정에서 별도의 신청이나 대상자에 관한 자산 조사 없이 지원하는 게 중요하다.

정부 지원금을 받은 모든 국민은 다음 해에 과세 당국에 2020년 사업 상황을 설명해야 한다. 수급자는 다음과 같은 의무를 이행해야 한다.

- **2019년과 같은 매출을 달성했다면**(정부 지원을 받은 매출 손실 보상분 포함), 수급자는 지원금을 그냥 받고, 그 결과로 발생한 이익에 대한 세금을 낸다.

- **2019년과 비교해 매출이 높아졌다면**(정부 지원을 받은 매출 손실 보상분 포함), 2019년 수준만큼의 매출을 유지하는 데 필요한 금액 이상의 지원금은 반납해야 한다. 매출에 대한 세금은 늘 내던 대로 낸다.

- **수급자가 정부 지원금의 일부 또는 전부를 받는다면, 이윤은 2019년 수준을** 한도로 한다. 이를 초과하는 이윤에 대해서는 100% 세금을 낸다. 그러면 기업에서 무리하게 비용을 삭감하거나 직원을 정리해고 하지 않을 것이다.

이 모델에서는 어떤 방법이든 2019년 수준의 매출을 보장하도록 되어 있다. 정부 지원금에 의존하지 않는 기업이라면 매출 손실분에 대한 지원금을 즉시 반납하면 된다. 늦어도 2020년 세금을 정산할 때까지는 불필요한 지원금을 반납해야 한다.

정치인들은 불필요한 매출 손실분 지원금을 즉시 반납하게 만드는 유인책을 제시할 수 있다. 예를 들어, 한 달 내에 지원금을 반납할 경우 현금 할인을 해주는 것처럼 말이다. 이러한 절차를 이용했을 때 얻을 수 있는 장점은 명확하다. 경제적 관점에서는 혼수상태에 빠져 있는 셈이기 때문에 시행하기 쉽다. 일단 위기가 지나가면, 불필요하게 지원금을 받은 수급자는 소득세를 낸 뒤 지원금을 반납하면 된다.

그런데 이것은 공정한 방법일까? 개인 차원에서는 그렇지 않을 수도 있지만, 대체로는 그렇다고 말할 수 있다. 물론 코로나19가 덮치기 이전부터 매출 감소를 겪었을 기업도 있을 것이다. 수급자가 지원금을 올바르게 사용하지 않아서 지원금이 사라지는 경우도 생길 것이다. 하지만 전체 지원금액과 비교하면 이런 경우는 무시할 만한 수준이다.

개인 수급자가 지원금에 만족하여 일할 생각을 하지 않을 위험도 있다. 하지만 이런 사람은 1인 기업가일 가능성이 크고, 1인 기업의 수는 제한적이다. 직원을 거느리고 사무실이나 상점과 같은 사업 기반을 갖춘 기업가라면, 그렇게 하지 않을 것이다. 그것은 장기적으로 회사를 위험에 빠뜨리는 짓이기 때문이다. 그래서 이런 위험은 그다지 걱정할 정도는 아니다.

이 방법을 썼을 때 결정적으로 좋은 점은 모든 기업이 정부 지원금을 포함하여 총매출액을 예상할 수 있다는 것이다. 기업이나 경영자는 부채가 너무 늘어나지 않을까 걱정할 필요가 없고, 정부가 회사 소유주가 되지 않을까 우려하지 않아도 된다.

무엇보다 이 방법은 관료주의적이지 않으며 투명하게 진행된다. 세무서 공무원은 위기가 지속되는 동안 이 지원 문제에만 집중해야 한다.

1년 중 한 분기 동안 경제활동이 전혀 없다고 가정하면, 지원금은 이론상 최대 GDP의 25%가 된다. 하지만 실제로 그 정도는 아닐 것이다. 나는 GDP의 약 10% 정도의 비용이 들 것으로 예상한다.

'정신적 혼수상태'로 취급하는 편이 효과적이고 효율적이다

여러 문제가 상호 간의 영향을 강화해 전체적으로 경기는 더욱더 하락하고 있다. 기업은 이 위기가 얼마나 지속될지, 어느 정도의 비용이 들지 모른다. 정부 지원이 어떻게 작동할지, 아니 심지어 효과가 있을지도 알 수 없으며, 이에 따르는 장기적인 결과를 두려워한다.

앞으로 부채를 상환해야 하거나 정부가 공동 소유주 자리에 머무는 것을 원하지 않는 기업은, 그런 사태를 막기 위해 할 수 있는 일은 무엇이든 할 것이다. 결과가 어떻게 되든 비용 삭감을 위해 노력할 것이며, 이로 인해 위기 상황은 더 악화될 것이다. 그래서 혼수상태 접근법이 더 좋은 해결 방법이 된다.

저금리 기조를 유지하고 있는 현재 상황에서, 정부가 이 방법을 지원하는 데 드는 비용을 단기적으로 마련하는 데는 아무런 문제가 없다. 신용과 자본을 제공하는 방법을 택한 모든 나라는 앞으로 당연히 부채 청산을 요구받을 것이다. 그럴 경우 앞서 제시한 방법을 따르되, 그 부채를 누가 어떻게 감당할 것인지 별도로 정해야 한다.

제5장

닫힌
문은

다시
열어야
한다

좋은 소식은 코로나19 사태가 언젠가는 끝나리라는 것이고, 나쁜 소식은 코로나19 상황이 우리가 생각하는 것보다 오래 지속될 수 있다는 것이다.

코로나19로 인한 경제적 충격이 얼마나 오래갈지, 충격파가 경제 체제를 얼마나 강하게 흔들지, 경제에 충격을 주는 요소들이 서로 얼마나 강화될지에 따라 경기 침체로 이어질 것인지 아니면 경제 공황이 올 것인지가 결정된다.

따라서 앞으로 이어지는 장에서는 코로나19 사태 이후 우리가 무슨 일을 해야 하는지에 초점을 맞출 것이다. 그리고 이번 장에서는 건강 문제가 해결되었을 때, 즉 사실상 자유로운 생산 활동과 소비 활동이 다시 가능해졌을 때 우리에게 필요한 정책이 무엇인지에 관해 주로 이야기하고자 한다. 생산과 소비가 다시 가능하다고 해서 기업과 개인이 그런 경제활동을 실행한다는 뜻은 아니다. 코로나19로 인한 피해가 심각해서 이전의 상태, 즉, 코로나19가 발병하기 전의 상황으로 빨리 돌아갈 의지와 능력이 약해지기 때문이다.

이러한 결론은 흑사병, 스페인 독감부터 사스에 이르기까지 과거 12건의 대유행 전염병을 종합적으로 연구한 결과를 바탕으로 한 것이기도 하다. 모든 사례에서 경제활동은 오랫동안 매우 약화된 모습을 보였다.[1]

사회활동 재개를 향한 시나리오

우리는 앞으로 사회가 어떻게 될지, 예상 가능한 시나리오를 논의할 수밖에 없다. 시나리오는 긍정적 시각, 현실적 시각, 그리고 비관적 시각으로 나뉜다. 어떤 시나리오가 실현될까? 알 수 없는 일이다. 주로 다음 세 가지 선택지에 관해 공개 논의가 이루어지고 있다.

- **긍정적 시각**: 이동의 자유를 금지하고, 부분적 또는 전면적으로 경제활동을 중단하며, 사회적 접촉을 최소화하는 등 공공 활동을 제재한 덕분에 코로나19를 억제하는 데 성공한다. 4~6주 뒤면 일상생활로 돌아갈 수 있다.

- **현실적 시각**: 사회활동 제재는 일시적인 효과를 낼 뿐이다. 제재가 완화되자마자 코로나19 확진 사례가 급증하여 공공 활동은 한 번 더 제재된다. 이제는 제재 강화에서 완화까지 걸리는 시간이 길어진다.

- **비관적 시각**: 사회활동 제재가 완화된다면 코로나19가 즉시, 광범위하게 퍼질 것이다. 그러므로 규제 정책을 상대적으로 엄격한 수준으로 유지하며, 경제에도 지속적인 영향을 미친다.

여러분이 이 책을 읽을 때쯤이면 내가 이 책을 쓰고 있는 지금보다 상황을 더 많이 알고 있을 것이다. 긍정적 시각이 옳았을 가능성도 꽤 있지만, 안타깝게도 부정적 시각이 실현되었을 가능성도 충분하다.

세 가지 시나리오 가운데 어느 것이 실현될지, 나도 그리고 심지어 바이러스학자들조차 판단할 수 없다. 백신 개발 속도가 빠를수록, 혹은 효과가 더 좋은 약이 나올수록 더 빨리 일상으로 돌아갈 수 있을 것이다.

또 하나의 중요한 요소가 병원의 환자 수용 능력이다. 예를 들어 집중치료 병상과 음압시설이 두 배가 된다면 더 많은 환자를 수용할 수 있다. 의료 수용 능력이 향상되면 환자 수가 너무 빨리 늘어나는 것을 막기 위해 제재를 강화하지 않아도 된다. 하지만 이 길을 택한다 해도, 현재 병원의 코로나19 환자 수용 능력을 확보하기까지 몇 년은 아니더라도 몇 달은 걸릴 것이다.

남은 희망은 코로나19 백신이나 치료제가 나오는 것인데, 약이 빨리 나온다 해도 경제적 손실은 이미 매우 크다.

어떠한 논리로 코로나19에 대응할 것인가

영국 임페리얼 칼리지 런던Imperial College London의 연구진이 개발한 시뮬레이션 모델이 정치적 의사결정 과정에 도입되었다. 연구진은 이 모델을 개발할 때 유행성 독감을 분석하기 위해 개발된 기존의 모델을 사용했다. 연구진은 잠복기와 감염률을 추정하여 감염 재생산지수를 2.4로 정했다. 즉, 면역력이 없고, 전염을 방지하기 위한 아무런 조처를 하지 않는다고 가정할 때 환자 1명이 평균 2.4명을 감염시킨다는 뜻이다.

이 시뮬레이션 모델에 따르면 3~4개월 안에 아주 많은 인구(최대 80%)가 코로나19에 감염된다.[2] 그리고 감염자 가운데 4.4%

는 상태가 심각해져 병원에 입원해야 한다. 입원 환자 가운데 30%는 중환자실에서 집중치료를 받아야 한다. 이 결론은 중국의 바이러스 경험을 해당 지역 인구의 연령구조에 적용해 얻었다.

예를 들어 독일의 경우를 살펴보자. 약 289만 명의 환자가 발생한 독일에서는 86만 개 이상의 중환자실 병동이 필요하다. 3개월 동안 환자 수가 매달 똑같이 발생한다 해도, 코로나19 환자를 위한 병상이 약 100만 개 더 필요하다. 비교를 위해 다음을 살펴보자. 독일에는 총 49만7000개의 병상과 2만8000개의 중환자실 병상이 있다. 하지만 이 병상은 어쩔 수 없이 거의 80%가 이미 차 있다. 코로나19 사태와 같은 극단적인 응급상황에 대비해, 병원 수용 능력을 크게 늘릴 준비를 항상 하고 있지는 않기 때문이다.

3월 중순 도이체방크의 계산에 따르면, 코로나19가 제한적으로 전염된다 하더라도 독일에서 5월 중순 이후로는 중환자실 병상이 더는 없을 것이며 6월 초 이후로는 일반 병상도 남지 않을 것이라고 한다.[3] 4월 말, 독일은 이러한 사태가 발생하는 것을 가까스로 막은 듯 보인다. 사회적 거리 두기 운동이 효과를 나타내고, 사망자 수도 낮은 수준을 유지하고 있기 때문이다.

중국에서 발표한 공식 사망자 수는 감염자의 0.5~1.5%였다. 임페리얼 칼리지 런던의 연구진은 사망률을 감염자의 0.9%로 가정했다. 평균적으로 유럽 인구가 중국보다 고령이라는 점을 고려했다. 알다시피 고령자는 특히 바이러스 감염 시 사망 가능성이 높다. 그러므로 유럽에서 가장 고령화된 국가인 이탈리아가 중국보다 큰 피해를 본 건 우연이 아니다. 유럽에서 독일은 이탈리아 다음으로 고령화된 나라이므로 약 59만 명 정도의 사망자가 나올 수 있다.

환자들이 제대로 치료받지 못한다는 점을 생각하면, 코로나19로 인한 사망자 수는 59만 명이 아니라 87만 명이 될 가능성도 배제할 수 없다. 이 숫자는 가장 비관적인 상황을 가정한 것으로, 중환자실이 필요한 환자 가운데 어느 누구도 병상을 얻지 못하고 전부 사망하는 경우다. 최소 28만 명이라는 사망자 수의 차이 때문에 우리는 코로나19와 싸운다.

또한 코로나19의 확산을 제한할 수 있다면, 현재의 치료 방법으로는 사망하게 될 환자가 새로운 백신이 나오거나 치료에 효과적인 약물이 늘어나면서 생명을 구할 수도 있다. 이런 방식으로 구할 수 있는 환자의 숫자는 50만 명이 될 것으로 추정된다.

연구진의 조사 결과도 이 계산을 뒷받침한다. 조사 결과에 따르면 과감한 방법을 동원해 바이러스의 전파 속도를 줄이고 감염을 줄이는 건 최선책이기는 하지만, 감염 위험이 완전히 사라지는 것은 아니다. 사회활동의 제한 조치가 완화되자마자 감염률은 다시 상승할 것이며, 환자 수는 기하급수적으로 늘어날 것이다. 재확진자가 나오지 않기만 바랄 뿐이다.

게다가 연구진의 계산에 따르면 2020년 가을경에 2차 유행이 시작될 수 있다고 한다. 그러면 백신이 개발되고 시험을 거쳐 널리 사용될 때까지 아마 임격하게 사회활동이 제한될 것이다. 이 과정은 최대 2년이 걸릴 수 있다.

이보다 희망적인 의견을 제시하는 연구진도 있다. 보스턴대학교의 전문가들은 임페리얼 칼리지 런던의 역학자들이 지나치게 비관적인 가정을 택했다고 지적했다. 그들에 따르면, 신규 감염자 수가 적을 경우 추가 전염을 막기 위해 감염된 사람만 격리하면 된다고 한다. 하지만 이를 위해서는 한국이 했듯 광범위한 검사가 필수 전제 조건이다.[4]

앞으로의 시나리오는 우리가 확정지을 수 없는 많은 변수들에 의해 움직일 것이다. 그 변수란 코로나19의 전염성이 어느 정도인지, 사회적 격리 조치가 전염을 제한하기에 충분한 수준인지, 그래서 앞으로 개별 감염 사례가 나왔을 때 쉽게 감염자를 격리할 수 있을지, 그리고 치료법이 개발될 때까지 시간이 얼마나 걸릴지 등이다.

결국 결과는 시민이 얼마나 정부의 방역 지침을 잘 따르는지에 달려 있다. 아시아에서는 정부가 수백만의 시민을 의무적으로 격리하는 과감한 조치를 시행했지만, 서구 사회에서는 그러기 쉽지 않다. 임페리얼 칼리지 런던의 계산에 따르면, 적어도 50~75%의 시민이 정부 지침에 협력해야 한다. 그렇지 않으면 위에서 계산한 것보다 더 심각한 결과를 맞게 될 것이다.

비용 vs. 소득

어떤 경우든 개인활동과 경제활동을 영원히 막을 순 없다. 이를 막으려 하면 대응 방법을 바꾸라는 압력이 커지고, 제한 지침을 받아들이는 사람도 줄어든다. 그러므로 나는 여러분이 이 책을 읽을 때쯤에는 코로나19 사태로 인한 사회활동 제한 시기가 끝났으리라 낙관하고 싶다.

코로나19로 인한 피해 정도는 정서적인 측면뿐 아니라 경제적인 측면에서도 측정되고 있다. 내가 살고 있는 독일을 예로 들어보자. 2020년 3월 중순을 기준으로 독일이 코로나19로 인해 입은 경제적 피해액은 최소 1520억 유로에 달한다. 독일 뮌헨에 있는 이포경제연구소IfO Institute에 따르면, 매주 GDP에서 250억~530억 유로가 사라진다고 한다. 그러므로 3개월 동안 경제활동을 줄이면 순식간에 약 7000억 유로(GDP의 20%)의 손실을 입는다.[5]

다른 나라에 대한 전망도 그리 좋지 않다. 미국 은행 골드만삭스Goldman Sachs는 코로나19 사태로 인해 미국 역사상 최악의 경기 침체가 예상되며 세계 경제도 불황에 빠질 가능성이 크다는 의견을 냈다.[6] 그 말은 전 세계 사람들이 직장과 소득을 잃는다는 뜻이다. 실직은 선진국 국민에게도 개발도상국 국민에게도 똑같이 괴로운 경험이며 순식간에 생존의 문제가 된다. 예를 들어 글로벌 의류 회사가 발주를 취소하면, 그 일에 종사하는 전 세계 수백만 명이 직장을 잃는다. 유엔의 발표에 따르면 아프리카에서는 전체 직업의 절반이 사라질 수 있다.

그러다 보니 어쩔 수 없이 난감한 문제가 등장한다. 경제적 피해와 이로 인한 장기적 영향을 고려해볼 때, 상대적으로 적은 수의 생명을 구하는 것이다. 위에서 살펴본 대략적인 계산에서 나온 28만 명(병원의 중환자실 수용 능력이 부족하면 사망하게 될 환자의 수)을 구하기 위한 정책을 펴려면, 1인당 54만~250만 유로의 사회적 투자비용이 필요하며, 그러면 총비용은 1512억~7000억 유로가 된다. 대다수 환자가 기대수명이 짧은 고령자라는 점(65세 환자라면 20년, 80세 환자라면 10년)을 생각하면 예상 비용은 생애 1년당 2만7000~25만 유로다.

물론 인간의 수명을 돈으로 계산하는 건 큰 논쟁거리다. 하지만 사고 보상금을 산정할 때도 흔히 이런 식으로 계산한다. 예를 들어 뉴욕에서 발생한 9·11 테러 희생자 유족은 희생자의 나이와 직업에 따라 25만~600만 달러의 보상금을 받았다.[7] 하지만 이에 비해 우리가 처한 상황에서는 최악의 시나리오를 가정해도 600만 달러라는 숫자가 되기엔 아직 멀었다. 그래도 이미 25만 달러는 넘겼다.

또 다른 기준으로는 '질보정수명quality-adjusted life years, QALY*'이 있다.

---

* 건강과 관련해 삶의 질을 평가하는 척도. 어떤 의료 행위를 통해 환자의 삶의 질을 보정함으로써 기대되는 수명을 측정하는 방식.

이는 영국 국립보건서비스National Health Service, NHS가 새로운 치료법의 가치를 평가할 때 사용하는 방법이다. 질보정수명당 2만~3만 파운드 이하의 비용이 드는 치료법만 국가 의료 시스템이 부담하는 것이다.

사망률이 크게 과대평가되었고, 실제 사망률은 0.9%가 아니라 0.3%(미국 스탠퍼드대학의 존 아이오아니디스John P.A. Ioannidis 교수에 따르면 비현실적인 가정도 아니다.)에 가깝다면 어떻게 될까? 사망률이 0.9%라고 생각하면 우리는 한 사람의 생명을 구하는 데 150만 유로가 넘는 비용을 들여야 한다. 하지만 이 사망률을 0.3%로 낮추기 위해서는 그 비용이 750만 유로에 이르게 된다. 아이오아니디스 교수는 각국 정부가 뒷받침할 자료가 충분하지 않은 상태에서 정책 결정을 내렸고, 이로 인해 지금 정책 '실패'가 일어나고 있는 것일지도 모른다고 말한다.[8]

이 추론이 우세해지는 때가 올 것이다. 더는 비용 편익과 실제로 발생한 경제적, 사회적 결과를 결부시킬 수 없기 때문이다. 기업이 파산하고, 사람들은 실직하며, 자영업자들이 도산하는 등 코로나19로 인한 경제적, 사회적 피해가 현실화하고 있다. 가정폭력이 심각해지고, 자살이 늘어나며, 도움이 필요한 가정과 아동도 늘어난다.

이 정도 수준의 사회적 트라우마가 발생하면 정책 결정을 뒷받침할 충분한 근거도 없이 제한 조치를 완화하게 된다. 정치인들

은 이 점을 두려워해야 한다. 특히 아이오아니디스 교수의 회의론
이 옳은 것으로 판명될 것을 걱정해야 한다.

혼수상태에서
빠져나올 힘

우리가 일상으로 돌아가자마자 경제 회복이 시작되어야 한다.
고용·소비·투자가 다시 늘어나기 시작할 것이다. 우리는 경제의
자기회복능력에 기댈 수 있다. 사람들은 다시 밖으로 나가, 식당
에 가서 식사하고, 극장에서 영화를 보며, 여행을 떠나고, 코로나
19 때문에 하지 못했던 소비를 할 것이다.

사회적 활동이 제한되는 동안 돈을 쓰지 못한 탓에 이전보다
쓸 수 있는 돈이 더 많아진 사람이 있다. 반면 쓸 수 있는 돈이 줄
어든 사람도 있다. 실직, 단기간 근무, 매출액 감소 등의 영향으로
돈이 줄어든 사람을 모두 합하면 인구의 상당 부분을 차지할 것이
다. 그런 이유로 추가적인 경기부양 정책이 필요하다. 국민의 구
매력을 늘리고 동시에 기업이 코로나19 사태로 입은 재정적 손실
을 보충하도록 도와야 한다.

수요를 자극할 방법은 많다. 개별 상품의 부가세를 일시적으로
할인하는 방법(나는 이 방법이 가져올 효과에 다소 회의적이다)부터

소비용 상품권을 나눠주는 방법까지 다양하다.

　부가세 할인에 따른 가격 효과가 빛을 발할지는 의심스럽다. 판매자가 세금인하분만큼 구매자에게 혜택을 주어야 하는 의무가 없는 데다 가격을 겨우 몇 퍼센트 할인했다고 해서 수요에 큰 영향을 미치지는 않는다. 부가세 할인에 따른 가격 효과는 자동차처럼 비싼 제품을 구매할 때만 효과가 있다.

　하지만 현재 상황에서 우리에게 필요한 것은 수요가 폭넓게 살아나는 것이다. 그래서 소비자에게 상품권을 지급하는 방법에 주목한다. 이 상품권에는 사용기한이 있어야 한다. 예를 들어 상품권 발행일로부터 3개월 이내 사용할 것을 정하는 식이다. 그러면 즉각적인 효과가 나타난다. 지급된 금액은 즉시 순환하기 시작하고 저축으로 흘러들지 않는다.

　상품권 지급 계획은 바로 실행에 옮겨야 한다. 상품권 대신 전 국민에게 일정 금액의 현금을 직접 지급하는 방법도 대안이다. 현금 지급 방식은 시행하기는 더 쉽지만, 상품권만큼 효과적이지는 않다. 사람들이 지급금의 상당 부분을 저축하기 때문이다.

　이 정책에 비판적인 사람들은 모든 국민에게 상품권을 지급하는 것은 공평하지 못하다고 즉각 반대할 것이다. 부자나 고소득자에게는 그런 돈이 필요하지 않기 때문이다. 역으로 연금생활자나 공무원처럼 코로나19 사태로 인해 재정적 손실을 입지 않은 사람도 있다. 비판자들은 이러한 사람들은 상품권을 받아선 안 된다고 말한다.

하지만 이런 비판은 핵심을 놓쳤다. 상품권을 지급하는 이유는 빠른 시일 내에 수요가 살아나도록 하려는 데 있다. 이를 위해서는 소비자에게 상품권을 지급하는 것만큼 확실한 방법이 없다. 여기에 드는 비용을 어떻게 조달할 것인지, 그리고 미래에 나타날 부담을 누가 감당할 것인지는 다른 문제다. 이에 대해서는 뒤에서 더 자세히 다루도록 한다.

그런 지원 정책을 편다 해도 상품권 지급만으로는 충분하지 않다. 자영업자부터 대기업까지, 기업이 입은 피해가 막심하다. 안타깝게도 정치인들이 '인위적 혼수상태'의 원칙을 따르지 않았기 때문에 앞으로 많은 기업이 상당한 부채 부담을 지게 되거나 정부와 공동소유자가 되는 상황에 놓일 것이다. 그러면 기업에 지속적인 영향을 주게 되고, 투자 활동을 위축시킨다. 이로 인해 앞으로 몇 년 동안이나 경제 발전이 둔화될 것이다.

이러한 이유로 분명 포괄적인 채무 모라토리엄(moratorium, 부채상환 유예)이 발생할 것이다. 이러한 채무 면제는 꼭 이루어져야 하며, 조기에 발표, 시행되어야 한다. 신용에 의존하여 발생한 피해는 되돌릴 수는 없지만, 적어도 줄일 수는 있다.

여기서 또다시 채무 면제는 필요치 않은 사람에게 주는 현금 선물과 마찬가지라는 비판이 제기될 것이다. 하지만 그렇지 않다. 많은 중소기업이 사업활동을 위해 개인 자산을 이용하는 위험을 감수하기 때문에 이를 보호해주어야 한다. 소비용 상품권 발행 비용을 조달하는 것과 마찬가지로, 경제 충격으로 인한 부담이 공평하게 분배되도록 부채 보상금은 별도로 진행한다.

제6장

위험에
처한
환자,

유로존

3월 중순 즈음 이탈리아에서는 이미 수 주 동안 코로나19가 대유행이었다. 그때 이탈리아가 보낸 메시지는 매우 충격적이었다.

"지금은 어려운 시기이기도 하지만 정신의 위대함을 보여주는 시기이기도 합니다. 우리 이탈리아인들은 위기에 잘 대처하고 있습니다. 사람들은 평화롭습니다. 길거리는 텅 비었지만, 슈퍼마켓에는 물건이 가득합니다. 부활절 케이크조차 모자라지 않았습니다. 물론 얼마 전까지만 해도 사람들이 아파트에 갇히고, 롬바르디아 같은 지역이 멈추리라고는 생각도 못 했습니다. 하지만 우리가 아는 이들은 전부 경제활동 재개를 준비 중입니다. 다들 우리가 위기 이전보다 더 강해질 것으로 생각합니다.

우리는 앞으로 다가올 사태를 경고했습니다. 하지만 유럽 사회는 경고에 귀 기울이는 대신 우리의 문제해결 방법에 의문을 가졌습니다. 이제 유럽 사람은 누구나 우리를 따라 엄격한 봉쇄를 시행하고 있습니다. 그 어느 때보다 도움이 절실했을 때 유럽이 우리를 버렸다는 사실을 이탈리아는 영원히 잊지 않을 것입니다. 엄청난 사망자 앞에서 우리는 깊은 동정심조차 받지 못했습니다. 이사벨 슈나벨Isabel Schnabel 유럽중앙은행 집행이사의 꼭두각시인 크리스틴 라가르드Christine Lagarde 유럽중앙은행 총재와 독일 중앙은행 분데스방크Bundesbank가 우리를 어떻게 실망시켰는지 절대 잊지 않을 것입니다. 이번 위기 이후 이탈리아는 유럽을 다르게 바라볼 것입니다. 이번에 유럽에 대해 느낀 깊은 분노는 유럽을 세우는 데 일조했던 자유주의 엘리트에게조차 영향을 미쳤습니다. 그들은 불과 몇 주 전까지만 해도 누구보다도 열정적으로 유럽을 지지했던 사람들입니다. 우리는 진지합니다. 유럽은 우리를 배신했습니다."

물론 이 메시지가 이탈리아의 입장을 대표하는 건 아니지만, 이 상황에 관해 생각하게 만든다. 친유럽주의자라면 이사벨 슈나벨 유럽중앙은행 집행이사와 유럽중앙은행 내 분데스방크가 이탈리아를 적극적으로 지원하지 않기로 한 상황을 이해해야 하는데도 불구하고, 이들조차 적대감을 지니고 있다는 사실은 유럽연합과 유로존이 이번 위기에 얼마나 취약한지 보여준다.

이탈리아
혼자서

<hr/>

사실 이탈리아에 대한 유럽의 지원은 전폭적이지도 시의적절하지도 않았다. 독일에서 마스크 수출을 제한하는 등 유럽이 의료 물자 지원에 머뭇거리는 모습은 동반자로서의 이탈리아가 기대했던 바가 아니었다. 이후 독일은 3월 말 이탈리아에 300개의 인공호흡기 등 의료장비를 보냈지만, 나쁜 감정과 인상은 사라지지 않고 그대로 남았다. 이탈리아를 도와준 건 유럽의 동맹국이 아니라 중국, 러시아, 그리고 쿠바였다.[1]

2019년 가을 크리스틴 라가르드는 마리오 드라기Mario Draghi의 뒤를 이어 유럽중앙은행 총재 자리에 올랐다. 라가르드 총재는 유로존 내 국채의 리스크 프리미엄risk premium*을 관리하는 건 유럽중앙은행의 역할이 아니라고 했다. 강경파(특히 독일) 측에서는 라가르드 총재의 발언을 지지했지만, 그릇된 때에 나온 그릇된 발언이었다. 라가르드 총재의 발언은 자본시장에서 유럽중앙은행이 유로존 내 모든 국가의 상황에 책임을 느끼지 않는다는 신호를 주었다. 하지만 코로나19 사태로 이탈리아 국채의 리스크 프리미엄이 즉각 상승해, 4주 전의 두 배가 되었다. 유럽중앙은행이 입장을

<hr/>

* '스프레드spreads'를 의미함. 위험을 감수한 대가로 얻는 보상.

선회한 것도 놀랍지는 않다. 라가르드 총재는 이전 발언과 거리를 두고 7500억 유로 규모의 채권 매입 프로그램을 새로 발표했다. 이 프로그램의 이름은 '팬데믹 긴급 매입 프로그램Pandemic Emergency Purchase Program, PEPP'이다.[2]

7500억 유로에 달하는 이번 프로그램은 지금까지 실시된 채권 매입 프로그램 가운데 최대 규모이며, 2020년 말까지 시행될 예정이다. 이는 유럽중앙은행이 이전의 어느 프로그램보다 많은 금액인 최소 1000억 유로를 매달 채권 매입에 사용할 것이라는 뜻이다. 기존 요건에서 매입할 채권을 찾는 게 점점 어려워지자 매입 대상 채권을 결정하는 기준도 완화했다.

그래서 유럽중앙은행은 이제 그리스 국채뿐 아니라 회사채와 대출까지 매입한다. 라가르드 총재는 "유럽중앙은행 정책이사회는 권한 내에서 필요한 일은 전부 실시할 것이다"라고 말했다. 이는 2012년 마리오 드라기 전 유럽중앙은행 총재가 내세웠던 '무슨 수를 써서라도' 유로화를 지키겠다는 약속을 다시 떠올리게 한다.

그런데 코로나19 위기가 찾아온 뒤 첫 몇 주간 독일 국채금리도 올랐다. 직관적으로 생각하면 반대의 경우가 되어야 한다. 독일 국채의 금리가 올랐다는 것은 자본시장에서 독일이 앞으로 상당한 재정 부채를 추가로 짊어지게 될 것이라는 점을 시사한다. 그런데 미국 같은 다른 나라에서는 반대의 현상이 일어나, 정부 부채가 상당히 증가하고 있음에도 국채금리는 떨어졌다. 이러한 차이는 미국보다 독일의 재정적 부담이 훨씬 더 크거나 또는 유로존과 유럽연합의 생존이 위협받고 있음을 보여준다.

이미 취약한 상태였던
유럽연합과 유로화

유럽연합과 유로화는 좋지 않은 상황에서 코로나19 사태를 맞았다. 그와 반대로 지난 10년간 여러 나라에서 상대적인 불경기가 이어지면서 회원국들의 불만이 점점 쌓여왔다. 특히 코로나19에 시달리고 있는 이탈리아에서 불만이 많았다. 앞서 살펴보았듯이 이탈리아는 1990년대 후반부터 국민 1인당 생산량이 동일한 수준에서 정체하고 있다. 그건 유로화의 탓만은 아니지만, 통화동맹이라는 틀이 있다고 경제적 어려움을 더 쉽게 해결할 수 있었던 것도 아니다.

〈그림 6〉을 보면 코로나19 사태가 발생하기 전에는 유로화가 이탈리아에 나쁜 영향을 준다고 응답한 이탈리아인은 36%였다. 코로나19 사태를 겪는 과정에서 많은 이탈리아인이 유럽과 유럽중앙은행에 실망했다는 걸 생각하면, 이 수치가 한층 더 늘어났을 것이라는 결론은 누구나 예상할 수 있다.

그렇다면 이것은 유로화의 종말을 의미하는 것일까? 그렇지는

그림 6. '유로화가 자국에 좋은 영향을 준다'라는 설문에 응답한 회원국

2019년 순위, 응답자의 %로 표시, 2018년 순위와 %p 비교,
'추정할 수 없음'과 '모름'은 표시 제외

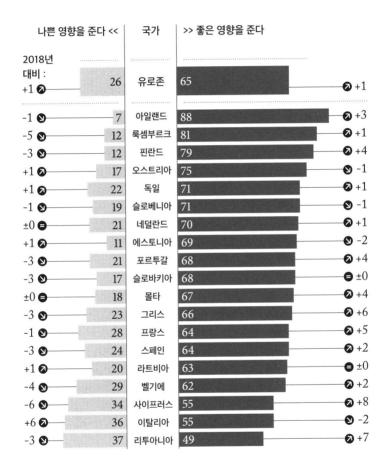

나쁜 영향을 준다 <<	국가	>> 좋은 영향을 준다
2018년 대비 : +1 ↗ 26	유로존	65 ↗ +1
-1 ↘ 7	아일랜드	88 ↗ +3
-5 ↘ 12	룩셈부르크	81 ↗ +1
-3 ↘ 12	핀란드	79 ↗ +4
+1 ↗ 17	오스트리아	75 ↘ -1
+1 ↗ 22	독일	71 ↗ +1
-1 ↘ 19	슬로베니아	71 ↘ -1
±0 ═ 21	네덜란드	70 ↗ +1
+1 ↗ 11	에스토니아	69 ↘ -2
-3 ↘ 21	포르투갈	68 ↗ +4
-3 ↘ 17	슬로바키아	68 ═ ±0
±0 ═ 18	몰타	67 ↗ +4
-3 ↘ 23	그리스	66 ↗ +6
-1 ↘ 28	프랑스	64 ↗ +5
-3 ↘ 24	스페인	64 ↗ +2
+1 ↗ 20	라트비아	63 ═ ±0
-4 ↘ 29	벨기에	62 ↗ +2
-6 ↘ 34	사이프러스	55 ↗ +8
+6 ↗ 36	이탈리아	55 ↘ -2
-3 ↘ 37	리투아니아	49 ↗ +7

출처: 유로바로미터Eurobarometer 2019년 11월,
https://ec.europa.eu/commission/presscorner/detail/en/ip_19_6402

않다. 하지만 유럽재정위기의 결과도 아직 극복하지 못한 통화동맹의 위험이 높아지고 있다. 또한 유럽재정위기를 일으킨 실제 원인도 아직 알지 못하거나 원인을 부정하는 상황이었기 때문에, 이에 대한 정치적 대응도 불완전하거나 잘못된 정책으로 이어졌다.

유럽연합을 인정하는 사람도 늘어나지 않았다. 여기에는 최근 불만족스러웠던 발전도 한몫했다.

흥미로운 건 유럽연합을 가장 부정적으로 평가한 나라는 영국이 아니었다는 점이다. 프랑스가 특히 비판적인 시각을 가졌고, 2020년 가을에 다시 조사한다면 역시 결과는 더 나쁠 것이다. 유럽연합의 위기 관리가 불러온 참사는 이탈리아에서 시행한 설문조사 결과에 이미 나타나고 있다.

3월 25일에 진행된 설문조사에서 이탈리아인 응답자의 42%가 유럽연합이 위기 극복을 위한 노력을 가로막고 있으며, 이것이 유럽연합을 탈퇴할 충분한 이유가 된다고 답했다.[3] 또 다른 설문조사에서는 응답자의 67%가 유럽연합 회원국 지위를 부정적으로 보고 있었는데, 이는 2018년 11월에 실시했던 조사 결과와 비교해 20%p 늘어난 것이다.[4]

유럽연합과 유로화에 대한 지지율이 하락하는 이유는 코로나19 위기 이전부터 이미 명확했다.

그림 7. 유럽연합에 대한 회원국별 인식 차이

응답자의 %, '모름'은 표시 제외

	부정적 <<	>> 긍정적
폴란드	14	84
리투아니아	12	83
불가리아	20	77
스웨덴	26	72
슬로바키아	26	70
독일	28	69
헝가리	25	67
스페인	33	66
네덜란드	34	66
이탈리아	38	58
영국	44	54
그리스	44	53
체코	43	52
프랑스	47	51

출처: 퓨리서치센터PEW Research Center, 공산주의 붕괴 이후 30년간 유럽 여론, 2019년 10월 14일,
https://www.pewresearch.org/global/2019/10/14/the-european-union/

유럽연합은:

- 2019년 가을까지 금융위기와 유럽재정위기에서 회복하지 못했다.

- 브렉시트가 유럽연합 공동체를 얼마나 약화시켰는지 인정하려 하지 않는다.

- 부를 창출하고, 외부 국경을 보호하겠다는 핵심 공약을 이행하지 못했다.

- 정치적 우선순위를 잘못 선정했다.

유로존과 유럽연합은 새로 다가올 경기 침체에 대한 대비가
전혀 되어 있지 않았다.

유로가
작동하지 않는 이유

미국 최대 은행 JP모건JP Morgan의 연구에 따르면, 유로를 사용
하는 회원국 사이에는 서로 간의 경제적 공통점이 적다. 전 세계
모든 국가가 속한 'M'(Money의 머리글자)이라는 가상의 통화동맹
사이의 공통점보다도 못하다.

이는 국가경쟁력, 특히 단위노동비용unit labour costs과 임금, 생산
성 같은 변수를 기준으로 측정한 결과다. 이를 통해 각국의 경제순
환 동시성 및 같은 양상으로의 수렴 여부가 뒤따른다. 또 다른 연
구도 같은 결론이었다. 사실 2000년 유로화 도입을 결정할 때까
지 회원국의 경제적 상황이 '수렴'하는 양상이었던 데 반해, 그 이
후로는 점점 '분산'되는 모습을 보여왔다. 국제통화기금IMF의 조사
결과를 보면, 상대적으로 생산성이 높고 혁신적인 강대국은 점점
강해지고, 반대로 경제력이 약한 나라는 점점 약해지고 있다.[5]

유로화의 역사를 빠르게 훑어보자. 유로화 도입으로 유럽 국
가의 금리는 상당히 큰 폭으로 떨어졌다. 금리가 낮았던 독일 수

준을 따르는 경향을 보였다. 금리 하락의 바탕에는 유로화가 독일 마르크화만큼 안정적이리라는 기대가 깔려 있었다. 다시 말하면, 물가상승률이 이전에 스페인·이탈리아·프랑스·포르투갈이 겪었던 것보다 훨씬 안정적이고, 낮으리라는 기대였다. 하지만 물가상승률은 금리만큼 빠르게 떨어지지 않았기 때문에 실질 금리(명목 금리-물가상승률)는 마이너스가 되었고, 더 많은 부채를 받게 하는 유인이 되었다.

이탈리아 같은 나라에서는 정부 재정적자를 줄여야 한다는 압박감이 줄어들었지만, 다른 나라, 특히 포르투갈·아일랜드·스페인 같은 나라에서는 개인들이 빚을 내는 데 혈안이 되었다. 이와 함께 부동산 시장에도 열풍이 불었다. 위험이 낮다고 여겨지는 부동산 담보 대출만큼 은행이 좋아하는 대출도 없었기 때문이다. 이 과정에서 열풍을 일으키는 요소들이 자체적으로 서로를 강화해 나갔다. 부동산 가격 상승 현상은 부동산 투기가 얼마나 안전한지 보여주는 셈이 되었고, 이에 따라 부동산 가격은 계속 올랐다. 이로 인해 대출로 자금을 조달하려는 수요가 더 커졌다. 동시에 건설 붐이 시작되어 경제 전체를 고무시켰고, 부동산 수요에 한층 기름을 부었다.

이 거품이 꺼지는 건 시간문제였다. 계기(원인이 아니다!)가 된 건 그리스 정부가 이전에 공식적으로 발표했던 것보다 국가 채무 수준이 훨씬 높다는 걸 인정한 일이었다. 드라기 전 유럽중앙은행 총재가 '무슨 수를 써서라도 유로화를 지키겠다'는 그 유명한 약속을 하고서야 유로화의 신뢰성 위기를 겨우 잠재울 수 있었다.

시장에 유로화를 원하는 만큼 쏟아부을 수 있는 중앙은행을 상대로 투기에 성공할 사람은 아무도 없기에 유럽재정위기는 막을 내렸다. 아니, 적어도 막을 내린 듯 보였다. 하지만 실제로 위기의 불씨는 계속 남아 있었고, 이 때문에 유럽중앙은행은 저금리 정책 기조를 이어나갈 수밖에 없었다.

유럽재정위기가 시작된 이래 회원국은 이처럼 차입을 이용한 자금조달 열풍의 결과를 바로잡기 위해 노력했다. 여기에는 경쟁력 회복, 은행의 재정 건전성 회복, 부채 열풍 속에서 쌓인 부실 채권 삭감 등이 수반되었다. 이러한 작업은 고통스럽고 더디게 진행된다. 무엇보다 이를 통해 회원국의 상황이 서로 수렴하는 게 아니라 한층 분산되었다.

유로존 회원국 사이에 경제적 상황의 공통점은 점점 줄어들었다. 한편으로는 다음과 같은 사항을 고려해야 한다.

- 이탈리아의 경우, 이탈리아판 '일본식 시나리오'를 통해 20년간 경제가 정체해왔다는 점.

- 스페인의 경우, 부동산 거품이 꺼진 후 국가 채무를 크게 늘려야 했다는 점.

- 포르투갈의 경우, 국가 채무와 민간 부문 채무 둘 다 아주 많았고, 유로존 내 특허등록 기록에 따르면 그 구역 내에서 혁신의 힘이 가장 약하다는 점.

- 마지막으로 그리스의 경우는 채무 재조정debt restructuring을 진행하고 유로존 회원국으로부터 지원을 받았지만, 여전히 채무 수준이 매우 높다는 점.

다른 한편으로는 네덜란드나 독일 같은 나라가 있다. 이런 나라들은 유로화 덕분에 국제 경쟁력을 얻고 있다. 프랑스는 가운데 쯤 위치한다. 위기를 겪는 나라들처럼 경제력이 약한 것은 아니지만 동쪽에 이웃한 네덜란드나 독일만큼 강하지도 않다.

1865년 라틴 통화동맹*의 경우에도 그랬듯, 국가 주권을 지닌 서로 다른 나라들은 통화 체제를 통해 통합될 수 없다는 점을 꼭 짚고 넘어가야 한다. 또한 라틴 통화동맹 때 겪었던 것과 마찬가지로, 회원국들은 탈퇴할 때 드는 비용을 두려워하므로 동맹을 유지하기 위해 가능한 한 모든 시도를 다할 것으로 예상된다.[6]

유로존이 무질서하게 붕괴할 때 드는 비용은 엄청날 것이다. 관련 연구 결과에 따르면, 유로존 붕괴가 세계 금융 체제와 경제에 미치는 영향은 2008년 금융위기 때보다 클 것이라고 한다.[7]

정치권에서 이런 시나리오를 피하려 한다는 건 전혀 놀랍지 않다. 다만 한 가지 문제가 있다면, 이런 시나리오가 실현되는 걸 막지 못한다는 점이다. IMF는 유럽안정화기구ESM와 은행 동맹의 연대채무joint liability나 공동 실업보험 프로그램을 통한 재분배 확대 등 유로를 안정시키려는 모든 노력은 실패할 것이라고 말했다. 그런 노력이 유로화를 안정화하는 데 필요한 규모로 이루어지지 못할 뿐 아니라 유로화의 근본적인 설계 결함을 바꿀 수 없기 때문이다.[8]

시간이 지나면서 문제가 축소되기는커녕 더 커지고 있다. 채무는 여전히 매우 높은 수준에 머물러 있고, 노동력이 정체되고 곧 감소할 것으로 보이는 상황에서 경제성장은 더디게 나타나며 생산성도 줄어들고 있다. 새로운 긴장과 위기가 발생하는 건 그저 시간문제일 뿐이다. 지속가능하지 않은 상황은 장기적으로 봤을 때 해법이 될 수 없다.

유럽연합이
작동하지 않는 이유

2019년 가을, 유럽연합의 상황도 그다지 좋지 못했다. 유럽연합은 지난 20년간 스스로 세웠던 목표도 달성하지 못했다. 2000

＊   19세기 유럽의 여러 통화를 단일 통화로 추진하려던 기구. 당시 주화는 금과 은이었기 때문에 주화 비용 부담을 줄이고 통합력을 갖자는 의도였으며 1865년에 창설돼 1927년 해체됨.

년 3월 리스본에서 열린 특별 정상회담에서 유럽 각국 정상은 유럽연합을 '2010년까지 세계에서 가장 경쟁력 있고 역동적인 지식 기반 경제'로 만들 프로그램을 채택했다. 그 프로그램의 목적은 일본, 특히 미국보다 상대적으로 생산성과 혁신의 힘을 늘리려는 데 있었다.

이 목표를 달성하지 못하자 2010년에는 2020년까지 목표를 달성하기 위한 '후속 전략'을 채택했다. '유럽 2020-스마트하고 지속가능하며 포용적인 성장을 위한 전략'이라는 이름이었다.[9] 하지만 이 전략에서 내세웠던 목표도 달성하지 못했다.

- 유럽연합 내 R&D 투자는 GDP의 3%가 되어야 한다. 하지만 실제로는 이보다 낮아 GDP의 2.07%만 사용했다. 스웨덴·오스트리아·덴마크·독일에서만 요구되는 기준을 넘겼다.[10]

- 인구 대비 특허 건수 측면에서 유럽연합 국가들은 아시아·미국·스위스 등 경쟁국에 한참 뒤처져 있다.[11]

- 세계 100대 기술 기업 가운데 유럽 기업은 단 12개뿐이다. 미국 기업이 45개, 그리고 일본 기업과 대만 기업이 각각 13개씩이다.[12]

- 유럽연합 내 조기 자퇴생 수가 더는 10%를 넘어서는 안 된다. 하지만 독일,

그리고 특히 스페인·포르투갈·이탈리아의 자퇴율이 이보다 훨씬 높다.

- 유럽연합 내 대학들이 세계 명문대학 순위를 지키지 못하고 있다. 사실 브렉시트 이후 세계 순위 20위 안에 드는 대학이 없다. 유럽연합 내에서 가장 명문대학은 코펜하겐에 있으며, 세계 대학 순위 26위다.[13]

- 2013년까지 누구나 광대역 인터넷을 사용할 수 있게 한다는 목표도 달성하려면 아직 멀었다. 2020년까지 인터넷 속도를 30Mbps(또는 그 이상)로 올리고, 유럽 가구의 50% 이상이 100Mbps가 넘는 속도로 인터넷을 이용할 수 있게한다는 목표도 있다.

- 세계 어느 곳보다 유럽에서 생산성이 늘지 않고 있다. 2000년 이후 1인당 실질 소득은 한국 63%, 미국 27%, 그리고 일본도 17% 늘어났다. 하지만 유럽을 보면 유럽연합 회원국 중 비교적 경제 규모가 큰 나라 가운데 네덜란드만 1인당 실질 소득이 18% 늘어났다. 프랑스와 스페인은 14%, 독일은 13% 증가했다. 이탈리아의 경우, 2000년 이후 1인당 실질 소득은 3% 줄었다.[14]

이상의 예를 생각하면 유럽연합은 최근 경쟁력을 얻은 게 아니라 잃었다는 점을 부인할 수 없다. 세계 GDP에서 유럽연합이 차지하는 비중도 하나의 지표가 될 수 있는데, 이 또한 줄어들 것이 분명하다. 신흥국, 특히 중국과 인도가 매우 빠르게 유럽연합을 따라잡고 있기 때문이다.

유럽연합의 시장점유율은 20%를 훨씬 넘다가 현재는 약 16% 수준까지 내려앉았다. 이처럼 잃어버린 시장점유율을 보면 유럽연합이 경쟁력과 경제력을 유지하지 못해 국제무대에서 빠르게 무게감을 잃고 있음을 알 수 있다.

구체적으로 이야기하면 유럽연합이 시민들에게 내세웠던 하나의 중요한 약속, 즉 추가적인 번영을 가져오겠다던 약속을 지키지 못했다는 의미다. 약속을 지키기는커녕 존재를 위협하는 문제와 마주하고 있다. 노동력은 줄어들 것으로 예상되고, 고령화에 대비해 엄청난 금액을 지원하겠다는 약속을 지키지 못했으며, 생산성 증대와 혁신이 부족했다.[15] 그래서 상당히 많은 이들이 유럽연합은 '일본식 시나리오'를 향해 나아가는 중이라고 본다. 사실, 유럽연합의 상황이 일본에 필적한다는 게 점점 분명해지고 있다. 앞서 이야기한 내용 외에도 높은 부채 수준과 병색이 완연한 금융 시스템을 심각하게 개조하려 들지 않는 점도 일본과 비슷하다.[16]

금융시장과 투자자들은 점점 이러한 상황에 적응해가고 있다. 유럽연합을 일본과 비교하면 다음과 같이 정리할 수 있다.

- **유럽연합은 단일 국가가 아니라 서로 다른 국가 간 연합제이며, 회원국들은 점점 자국의 이익에 관심을 쏟고 있다.**

- 회원국 국민은 단일민족이 아니며, 일본 국민처럼 단합되지도 않을 것이다.

- 유럽연합 회원국은 유로화라는 단단한 틀 속에 있어 경제 상황을 조정하는 일이 훨씬 더 어렵다. 그래서 일본식 시나리오가 일본에서보다 더 악화된다.

또한 정계에서는 점점 강해지는 이주 압력에 대응할 전략적 해답을 내놓는 데 실패했다. 유럽연합 회원국은 인구가 고령화해 곧 줄어들겠지만, 유럽연합 국경 밖의 나라에서는 인구가 빠르게 늘어나고 있다. 이를 생각하면 유럽연합의 존재가 위기에 처할 날도 멀지 않았다.

유럽연합은 존재의 위기를 맞고 있다. 그 위기는 이미 위협적이었고, 코로나19는 이전부터 약해져 있었던 유럽연합을 강타했다. 유럽연합을 가장 열성적으로 지지하던 사람들조차 유럽연합 본부가 코로나19 사태가 발생하는 동안 리더십을 발휘하지 못했다는 걸 인정한다.

유럽연합이 어려움에 맞선 공동대응을 준비하지 못하는 동안, 회원국에서 개별 정책이 쏟아져 나왔다. 유럽연합은 코로나19로 인한 피해가 특히 심각했던 이탈리아를 빨리 돕지 않고, 상황을 무시하려 했다. 국경 봉쇄, 의료 물자의 수출 제한, 각자도생의 원칙을 따르는 정책 등은 유럽연합이 쌓아온 이미지와 맞지 않는다. 존재의 위기는 여기에 있다.

어떻게
해결할 것인가

유럽 국가들이 긴밀히 협력해야 할 경제적 논리는 명확하다. 유럽연합 회원국이 함께일 때 국제 사회에서 더 큰 정치적 비중을 갖게 되며, 유럽 단일 시장은 세계에서 가장 큰 시장이다. 그래서 모든 회원국이 혼자인 경우보다 더 나은 조건을 얻게 된다.

따라서 영국이 유럽연합을 탈퇴한 건 이 논리에 반하는 일이다. 함께할 때의 혜택이 분명함에도 브렉시트가 발생했다. 영국이 군사적으로 엄청나게 중요하고 유럽연합 국가들과 밀접한 교역관계를 맺고 있으므로, 영국이 앞으로 유럽연합과 긴밀한 관계를 유지할 것이라는 희망이 있기는 하지만 브렉시트는 유럽연합에 보내는 경고 신호다. 유럽연합이 계속 이론상의 혜택을 지켜나가지 못하고 대중이 이를 알아차린다면, 압박은 더욱 거세질 것이다. 영국이 유럽연합에서 벗어나 경제적인 성공을 거두는 건 유럽연합 입장에서는 가장 끔찍한 악몽이다.

유럽연합과 유로화를 개혁해야 할 필요성은 절박하다. 하지만 유럽의 엘리트들은 그렇게 생각하지 않거나 이 문제를 정치적으로 논의하지 않는다. 이들 사이에는 유럽연합의 모든 문제를 해결하기 위해서는 통합에 더욱 박차를 가해야 한다는 폭넓은 합의가 이루어져 있다. 이러한 정치적 논증을 들으면 심리학자 파울 바츨

라빅Paul Watzlawick이 떠오른다. 그는 "당신이 가진 도구가 망치뿐이라면 모든 문제가 못으로 보일 것이다"라는 말을 남겼다. 적절한 표현이다.

유럽연합, 그리고 유럽연합에 초점을 맞춘 정치인들은 모든 위기를 해결하는 방법이 '더욱더', 더욱더 통합하는 것이라고 한다. 하지만 이는 옳은 대답도 아니고, 대중의 바람을 이루는 것도 아니다.[17] 그렇기에 유럽연합이 지금의 자리를 지키고, 시민들에게 의미 있는 혜택 제공을 유지하려면 정책 방향을 빨리 수정해야 한다.

유럽연합이 지닌 문제는 그저 비용을 더 투입하거나 중앙집중화를 강화한다고 해결될 문제가 아니라는 게 분명하므로 개혁 의제는 쉽게 정의할 수 있다.

- **경제성장 강화**: 이름에 걸맞은 구조 개혁을 시행해 경제를 성장시킨다. 유럽연합이 스스로 내세우는 목표를 이루지 못한 채 또 다른 10년을 흘려보낼 수는 없다.

- **우선순위는 부의 창출**: 유럽연합의 정치 의제를 바꾸어 부의 창출을 우선순위에 둔다. 현재 체제는 금융 구제, 계획 경제(기후 정책을 보라), 경쟁 억제를 목표로 삼고 있다.

- **중앙집중화가 아닌 탈집중화**: 유럽 내에서 정책 결정을 할 때는 중앙집중화가

아니라 탈집중화가 필요하다. 보충성의 원칙subsidiarity*을 가능한 한 많이 사용한다. 업무를 개별 국가 수준으로 돌려놓는 정책 프로그램을 만든다.

- 하나의 초국가super-state가 아닌 국가 연합: 중앙집중화를 추구한다는 생각을 버림으로써 하나의 초국가가 아닌 국가 연합을 추진한다. 시민들이 다시 한번 정책 결정에 주인의식을 느껴야 한다.

- 경쟁 확대: 회원국 간의 경쟁을 줄일 게 아니라 늘려야 한다. 각 회원국의 경쟁력을 높이는 것은 분명 그럴만한 가치가 있는 일이다. 지난 세기 유럽의 경제력이 뛰어났던 건 유럽 국가 간에 치열한 경쟁을 벌였기 때문일 것이다.

- 실질적 이민 제한: 외부 국경을 보호하고, 경제적 이해관계를 위해서 이민이 이루어지도록 이민을 실질적으로 제한한다.

- 민주화: 기관을 민주화한다. 유럽의회 내에서 회원국 개별 국민의 목소리가 영향력을 미치는 데 차등이 있어서는 안 된다. 이것은 유럽의회에 더 많은 권리를 부여하고 싶다면 특히 중요한 문제다.

유럽의 목표는 유럽연합의 역할을 몇몇 핵심 기능, 특히 유럽

---

* 유럽연합 통합 과정에서 각국의 제도를 우선 적용하고, 그 범위를 벗어난 단계에서 유럽연합법을 적용한다는 원칙으로 개별국의 자치 범위를 최대한 존중하는 원칙.

단일 시장 형성과 외부 국경의 공동 보호와 방어 등을 실행하는데만 국한하는 것이다. 이러한 변화를 만드는 것은 가능하지만, 그러기 위해서는 유럽연합 내 엘리트층이 지금까지의 정책 방향에서 벗어나야 한다. 하지만 그렇게 하기보다는 지금까지의 방향을 고수할 가능성이 더 크고, 그 결과 스스로 변화를 추구했을 때보다 훨씬 더 파괴적인 결과가 나타날 것이다.

유로화라는 환자는
잘못된 약을 먹어왔다

유럽연합을 개혁하려면 먼저 유로화가 지닌 문제부터 바로잡아야 한다. 앞서 살펴본 것처럼 유로화는 유럽연합 회원국을 경제적으로(예상한 대로 정치적으로도) 가까이 묶는 역할을 하는 게 아니라 서로 분열시키는 역할을 한다.

유로화는 지난 수년 동안 집중치료를 받아왔다. 유럽중앙은행이 제공하는 저렴한 금리, 그래서 그 어느 때보다 늘어난 부채로 인공호흡을 해서 살아남았다. 하지만 이제 의사들도 무슨 치료를 해야 할지 모른다. 그저 유로화가 별다른 도움 없이 회복되는 기적이 일어나기를 바랄 뿐이다.

유로화가 누워 있는 병상 옆에는 두 개의 의료학파가 있다. 한쪽에서는 유로화가 다시 일어서려면 재분배를 통해 '연대'하는 길 밖에 없다고 믿는다. 다른 한쪽은 이탈리아 북부와 남부 사이에 맺었던 100년 이상된 통화동맹 사례를 떠올리며, 재분배는 비용이 많이 드는 데다 문제를 해결하기는커녕 더 심각하게 만든다고 생각한다.

물론 각 진영에서는 적절한 분석을 바탕으로 자신들의 제안을 지지해줄 전문가를 내세울 것이다. 그렇게 의사들이 환자를 두고 수년간 논쟁을 벌이는 동안 아무런 치료도 하지 못했다. 그러는 동안 유로화가 앓고 있는 실제 병, 즉 회원국 간의 서로 다른 수준의 경쟁력, 침체된 경제, 늘어나는 부채는 점점 악화되었다.

하지만 어느 때보나 낮은 저금리 정책으로 인해 병이 실제로 미칠 영향력은 감춰졌다. 지금까지 독일은 이처럼 저금리 정책을 선호했다. 저렴하게 자금을 조달할 수 있고, 무엇보다 평가절하된 유로화 덕분에 독일의 수출 실적이 좋았기 때문이다.

의사들 가운데 일부는 그저 새로운 위기가 찾아올 날만 기다리고 있었다. 유로존 내에서 유럽연합과 채무 공동체 사이의 통합을 강화하려는 유럽인들에게 위기는 '성공 방안'으로 여겨졌다. 하지만 볼프강 쇼이블레Wolfgang Schäuble가 독일 재무부 장관 재직 당시 〈프랑크푸르터 알게마이네 차이퉁〉지에 외부 필자로 참여해 말했던 것처럼, 일반적인 상황에서 정치적으로 시행될 수 없었던 일들이 어느 날 갑자기 용인되었다.[18]

코로나19가 대유행하면서 또다시 유럽재정위기가 코앞으로 다가왔다. 유로화를 환자에 계속 비유하자면, 프랑스를 포함해 유로화로 인해 위기를 겪을 나라의 의사들은 강대국으로부터 경제적 '이전transfers'이 많이 생기기를 바랄 것이다. IMF의 전문가들이 계산한 바에 따르면, 그런 경제적 이전이 구조적인 문제를 해결할 만큼 충분하지는 않겠지만 말이다.

유럽안정화기구ESM를 개조, 확대하여 재분배의 수단으로 삼아야 한다. 유로화 긴급구제 금융기금 역할을 하는 ESM을 '통화 기금'으로 확대해 '유로화가 좀 더 안정되고, 미래 위기로부터 보호' 받을 수 있도록 해야 한다. 앞으로는 ESM이 EU 집행위원회와 함께 회원국 지원 프로그램을 결정해야 한다.

동시에 ESM은 대형 은행이 파산할 때도 도움을 주어야 한다. 유럽 은행의 주가를 보면 문제가 얼마나 심각한지 알 수 있다. 유럽중앙은행은 문제가 있는 대출 금액을 과도하게 낙관적으로 바라보기 때문에 스트레스 테스트stress test*가 믿을 만하다고 보기 어렵지만, 주식시장의 평가는 명확하다. 코로나19 사태가 발생하기 전부터 은행 주식은 이미 장부 가치의 약 50% 수준에서 거래되고 있었다. 유럽재정위기가 절정에 달했을 때만큼이나 낮은 가격이다. 이러한 상황은 ESM에 출자하는 국가, 특히 독일에 상당한 위협이 된다.

그런데 3월 말 이탈리아는 4100억 유로 규모의 ESM 기금을 사용하려 하지 않았다. 이 기금을 사용하려면 '조건'을 따라야 했기 때문이다. 대신 주세페 콘테Giuseppe Conte 이탈리아 총리는 유럽연합에 '코로나19 채권COVID-19 bond' 발행과 이탈리아 공채public debt** 에 대한 무조건적인 보증을 요청했다.[19]

전에 유로본드Eurobond라고 불렸던 이러한 공동채권은 과거 독일과 네덜란드 같은 나라에서 발행을 거부했다. 공동채권을 발행하면 유로존 수준에서 회원국 정부 부채가 사회화되는 것이나 마찬가지라는 이유에서였다.

회원국 사이에 부채 수준이 크게 차이 난다는 것을 생각하면, 이는 개별 회원국의 납세자들 사이에 상당한 부의 이동이 일어난다는 걸 의미한다. 일반 가계의 부의 수준이 크게 다르다는 관점에서 이러한 자산 이동은 비판받을 수 있다. 유럽중앙은행의 자료에 따르면 독일 가구 자산의 중간값은 6만 800유로에 불과하지만, 이탈리아 가구의 경우에는 14만 6200유로에 달한다.[20]

어느 방식이든 간에 유럽연합은 앞으로 몇 주 안에 적절한 재분배 수단을 채택할 것이다. 유럽연합이 최근에 사용해온 정책 수단처럼 유로화를 위해 시간을 버는 방법일 것이다. 유럽연합은 근본 문제를 해결하려 하지 않기 때문이다.

＊ 실현 가능성이 있는 사건에 대하여 금융 시스템의 잠재적 취약성을 측정함으로써 금융 시스템의 안정성을 평가하는 것.
＊＊ 국가 또는 지방공공단체가 경비를 조달하기 위해 부담하는 채무.

유럽의
연대에 대하어

|||||||||||||||||||||||||||||||||||||||||||

유럽에게 있어 연대는 필요하다. 9장에서는 유럽연합 회원국이 협력하여 높은 부채 수준을 낮출 방법을 소개할 것이다. 그리고 이 방법은 8장에서 다룰 새로운 금융 질서의 맥락 속에서 바라보아야 한다.

갑자기 찾아온 위기를 극복하는 과정에서 유럽은 유로존의 근본적인 문제를 다루고 그 미래를 생각해야 한다. 공동 채무를 재조정한 이후에도 회원국 간에 국가경쟁력이 다르고, 국가 경제 사이에 긴장감이 감도는 문제는 여전히 남아 있을 것이다.

일부 또는 모든 회원국 사이에서 유로화 외의 또 다른 화폐인 병용 통화parallel currency 도입 방안에 대해서도 논의해보아야 한다. 병용 통화의 도입은 유로화가 그대로 남으면서도 회원국 간의 서로 다른 경제 성과에 맞게 상황을 조절할, 정책 유연성을 얻을 수 있는 좋은 방법이다. 그러면 조만간 국가 통화가 우세해질 것이다.

세계 무대에서 미국 달러화와 경쟁할 통화를 만들겠다는 유럽의 꿈은 실패했다. 현재 세계 외환보유고에서 유로화는 과거 독일 마르크화가 단독으로 차지했던 지분 정도밖에 지니지 못한다. 오늘날 세계 자본시장에서 단일 통화가 주는 실제적 혜택은 제한적이다. 기업이 통화 등락 위험을 피하는 건 어렵지 않은 데다 비용도 그리 많이 들지 않는다.

사실상 해체 상태인 유로존의 대안으로, 비슷한 경제적 특징을 공유하는 나라들끼리 소규모 통화동맹을 만드는 방법이 있다. 하나의 예로 독일·네덜란드·오스트리아를 묶고, 이탈리아·스페인·포르투갈을 묶으면 된다. 프랑스 경제는 두 그룹 사이 어딘가에 위치한다고 볼 수 있다.

지금까지 해왔던 대로
이어가는 방법은 해결책이 아니다

코로나19 사태로 인해 유럽연합과 유로화가 지닌 결함이 분명히 드러났다. 위기의 다급한 순간이 지나간 후에도 상황은 예전으로 돌아갈 수 없다. 유럽연합과 유로화는 정말 새로운 시작이 필요하다. 여기에는 유럽연합의 구조적 변화와 유로화의 재편이 포함된다. 유로화의 재편은 통화정책의 최종판과 관련되어 있는데, 다음 장에서 이에 대해 살펴볼 것이다.

코로나19는 의료적 예방 조치에 한계가 있었다는 것을 드러냈을 뿐 아니라, 해결하기 어렵고 논란을 불러일으키는 근본적인 경제 문제에 제대로 대처하지 못했음을 드러냈다. 이제 더 이상 문제를 뒤로 미룰 수 없다. 현실을 받아들여야 할 때가 되었다.

제7장

누가

부채를
갚을
것인가

세계는 분명 제2차 세계대전 이후 가장 힘든 경제적 어려움을 마주하고 있다. 경제학자들에 따르면, 각국 정부에서 초래한 금융 비용은 전쟁 비용을 조달하는 상황과 비교할 수밖에 없다고 한다. 이번 싸움은 다행히 각 나라가 서로 대치하는 게 아니라 공통의 적, 코로나19를 이기기 위해 함께하고 있다.

이 싸움에 드는 비용을 합하면 어마어마한데, 매일 금액이 더 커지고 있다. 2020년 3월 말의 상황은 다음과 같다.[1]

- 독일의 경우, GDP의 손실액이 약 7000억 유로에 달할 것으로 예상한다.[2] 하지만 현실적으로 독일이 부담할 금액은 이보다 더 많을 것이다. 초기 추정치는

1조5000억 유로에 달한다.[3]

- 프랑스는 코로나19 팬데믹으로 피해를 본 기업과 근로자에게 무제한의 예산을 지원하겠다고 약속했다. 지원 금액을 전부 합하면 프랑스 정부는 기업과 개인을 위한 정부 보증 대출 지원에 1조 유로까지 동원하고 있다. 이 외에도 정부가 지분을 갖고 있는 기업에 대한 구제책과 법인세 및 사회보장연금 납부를 유예하는 방안을 내놓았다.

- 이탈리아는 250억 유로에 달하는 긴급 자금을 준비해 보건 시스템과 시민 보호 기관을 지원하고, 자영업자에게는 1인당 500유로의 지원금을 1회 지급하며, 직원에게 퇴직수당을 지급하는 기업에 대해 정부에서 보조하고, 봉쇄lockdown 기간에도 일하는 사람에게 현금 보너스를 지급한다. 또한 코로나19로 타격을 입은 기업을 위해 대출보증 프로그램도 가동한다.

- 스페인은 유동성을 확보하려는 기업, 특히 중소기업을 위해 1000억 유로 규모의 정부 대출보증 프로그램을 시작한다고 발표했다. 민간 부문 대출에 대한 보증을 포함하면 전체 규모는 2000억 유로가 될 것이다. 산체스Sánchez 총리는 코로나19로 인해 소득에 타격을 입은 국민을 위해 담보대출금 지불유예를 선언했고, 전기·가스·수도 요금의 납부도 유예한다고 밝혔다. 일부 사회보장연금 납부도 연기될 것이며, 경제위기에 취약한 계층과 사회복지 정책에 의존하는 사람들을 위해 6억 유로를 지원할 예정이다.

- 영국 정부의 총지출 규모는 '무제한'이다. 정부에서는 기업이 근무하지 않는 직원의 고용을 유지하는 데 필요한 임금의 80%까지 지원한다. 그리고 코로나19 사태로 피해를 본 산업의 모든 기업에 무제한 대출보증 프로그램과 1년간 재산세를 면제하는 방안도 제공한다. 소규모 기업을 위한 보조금도 지급된다. 여기에는 자영업자를 위해 2500파운드 한도 내에서 최근 평균 월매출액의 80%를 보조하는 방안이 포함된다.

- 미국은 2조 달러의 경기부양정책을 내놓았다. 여기에는 성인 1인당 1200달러, 아동 1인당 500달러의 소득을 지원하는 방안과 소기업에 3670억 달러 규모로 대출을 지원하는 방안이 포함되어 있는데, 대출 지원의 대상이 되는 기업은 앞으로 6개월간 직원 대부분의 고용을 유지해야 한다. 또한 코로나19 사태 동안 대기업과 중소기업이 자본을 마련할 수 있도록 대출, 대출보증, 회사채 매입 등의 방식으로 4540억 달러를 제공한다. 지원 금액 전체를 보면 미국 정부는 코로나19 사태가 몰고 온 경제적 결과에 맞서기 위해 적어도 GDP의 10%에 해당하는 비용을 지출할 것으로 예상된다.

IMF는 대공황 이후 최악의 경제위기로 인해 각국의 GDP가 상당히 줄어들어 일본은 -5%, 이탈리아는 -10%에 이를 것으로 전망하고 있다. 미국·영국·프랑스·독일은 6~8% 감소할 전망이다. 따라서 정부 지출 비용은 더 많이 늘어날 가능성이 크다.

그렇다면 이 시점에서 '누가 이 부채를 갚을 것인가?'라는 질문을 하게 된다.

경제 호황기 때 다가올
어려움에 대비하다

대개 사람들은 가계나 기업처럼 정부도 경기 호황기에 앞으로 다가올 어려움에 대비할 거라고 생각한다. 정부 부채를 줄이기 위해 흑자 예산을 운영해야 하는 것은 아니지만, 부채 증가율을 명목 GDP 성장률 이하로 낮춰 GDP 대비 정부 부채 비율을 줄이는 건 타당한 생각이다.

하지만 과거에 이런 일은 거의 발생하지 않았다. 예외적으로 독일에서만 '블랙 제로black zero'*라 불리는 정책을 시행했는데, 이 정책 덕분에 독일 정부는 여러 해 동안 연속으로 흑자 예산을 달성했다. 블랙 제로 정책과 독일 경제의 상대적으로 양호한 실적 덕분에 지난 몇 년간 독일 정부의 GDP 대비 정부 부채 비율은 90% 수준에서 70% 이하로 줄었다.

덧붙여 이야기하자면 블랙 제로 정책을 시행한 것은 독일 정치인들의 성과가 아니었다. 이 정책을 시행할 수 있었던 진짜 이

---

* 부채를 늘리지 않고 균형 예산을 고수하는 정책으로, 예산을 편성할 때 수입 금액 총계를 벗어나지 않는 범위 내에서, 즉 적자 재정을 편성하지 않는다는 뜻.

유는 지난 몇 년간 독일 정부가 부채에 지급하는 이자율이 낮았기 때문이다. 분네스방크는 낮은 금리 덕분에 2008년부터 2019년 말까지 독일이 이자 비용을 4360억 유로 아꼈다고 계산한다.[4] 이렇게 아낀 이자 비용 가운데 부채를 상환하는 데 사용된 금액은 아주 적다. 대신 독일 정부는 주로 사회복지 비용을 늘렸고, 투자 비용은 오히려 줄였다.

그래도 독일에는 여전히 코로나19 사태에 광범위하게 대처할 수 있는 재정 수단이 있다. 하지만 서구 세계의 다른 국가의 상황은 코로나19 사태 이전부터 독일과 매우 달랐다.

네덜란드와 함께 독일은 경제 규모가 큰 국가 가운데 공식 정부 부채가 상대적으로 낮은, 몇 안 되는 나라에 속한다. 최근에는 거의 모든 나라에서 정부 부채를 줄이겠다고 주장했지만, 정작 계속 늘어났다. 일본은 수년 동안 엄청난 부채와 재정 적자 상태를 유지하고 있다. 미국은 도널드 트럼프 행정부에서 2019년 GDP 대비 약 5%의 재정 적자를 기록했다. 반면 미국의 경제성장률은 약 3%에 그쳤다. 이러한 사실은 1장에서 이미 이야기했던 내용, 즉 세계 경제는 금융위기 이후 회복이 아주 더딘 상태였다는 점을 보여주고 있다.

게다가 아직 지켜지지는 않았지만, 고령화 사회를 대비한 지출에 관한 약속까지 포함하면 실제 부채 수준은 크게 높아지며 이것은 단지 어느 한 나라의 문제가 아니다. EU 집행위원회 계산에 따

그림 8. 코로나19 사태 이전부터 이미 높은 수준이었던 정부 부채

GDP 대비 정부 부채 비율(%), 각 나라별 가장 최신 자료(2015-2019년)

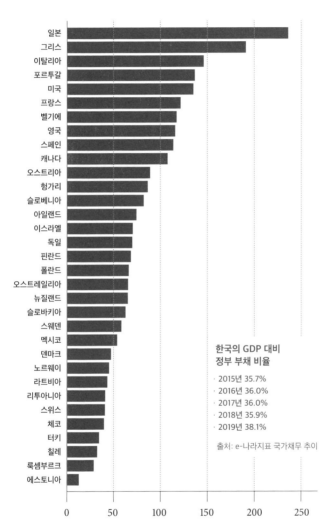

한국의 GDP 대비
정부 부채 비율

· 2015년 35.7%
· 2016년 36.0%
· 2017년 36.0%
· 2018년 35.9%
· 2019년 38.1%

출처: e-나라지표 국가채무 추이

출처: OECD > https://data.oecd.org/gga/general-government-debt.htm

르면, 유럽연합 회원국 각 정부의 재정에는 서로 큰 차이가 있다. 만일 독일이 고령화 사회를 내비하기 위해 추가로 GDP의 3.6%에 해당하는 금액을 준비해야 한다면, 유럽 평균 2.8%의 추가 비용이 필요하게 된다.[5]

이는 코로나19가 불러온 충격과 관계없이 여러 나라의 정부 재정이 지속 불가능한 상황이었음을 분명히 보여준다. 수십 년 동안 서구 세계의 정치인들은 자금도 없이 국민에게 약속만 남발했다. 그렇다면 여기서 또 다른 질문이 떠오른다. 도대체 그 비용은 어디에서 나올까? 이론상으로는 네 가지 방법으로 과도한 부채를 해결할 수 있다.

- **높은 경제성장**
- **저축과 상환**
- **부유세** wealth taxes
- **인플레이션**

위의 방법들을 하나씩 살펴보자.

경제 성장은
답이 될 수 없다

경제가 성장해서 부채 문제를 해결하는 것이 가장 이상적인 방법이다. 그러나 경제학자 카르멘 라인하르트Carmen M. Reinhart와 케네스 로고프Kenneth S. Rogoff가 정부 부채에 관한 연구에서 지적한 것처럼 "'경제성장'을 통해 부채에서 벗어나는 국가는 거의 없다."[6] 이들의 분석에 따르면, 정부 부채가 GDP의 90% 이상이 되면 실질 경제성장률이 1%p 떨어진다. 서구 사회 대부분 국가의 정부부채는 그 이상이다. 임박한 인구구조 변화가 반영되면 상황은 더심각해진다.

경제성장은 노동력 증가와 생산성 향상이 결합해 일어난다는 건 자명한 사실이다. 유럽의 노동력은 이미 줄어들고 있고, 미국의 노동력 증가도 과거보다 낮아질 것으로 보인다. 여기에 대부분의 선진국은 한동안 생산성 증가율이 낮은 상태에 머물러 있었다는 점까지 고려하면, 향후 10년 내 높은 수준의 실질 경제성장을 이룰 가능성은 낮다.

다른 모든 조건이 같다는 가정하에 부채에서 벗어날 정도로 경제가 성장하려면, 실질 GDP 성장률이 부채의 실질 이자율보다 높아야 한다. GDP가 부채(이자율에 따라 결정)보다 빨리 증가하면, 추가 부채가 발생하지 않을 때 GDP % 대비 부채 수준은 낮아진다. 하지만 많은 선진국 정부는 지난 10년간 낮은 금리에도 불구하고 이 공식이 적용될 징도로 재정 적자를 줄이지 못했다. 그 결과 GDP 대비 부채 비율은 계속 늘어났다. 이렇게 GDP 성장률이 낮은 상황에서 부채가 늘어나는 것을 막으려면 정부는 기초재정수지에 흑자를 내야 한다. 즉, 공공지출에 사용하는 금액(이자 비용 제외)보다 더 많은 세금을 거둬야 한다. 하지만 안타깝게도 대부분 나라에서 GDP 대비 부채 비율이 이미 너무 높고, 과거 GDP 성장률은 너무 낮아서 경제성장을 통해 부채 문제를 해결한다는 것은 현실적인 방안이 될 수 없다. 코로나19가 불러온 충격을 생각하면 이 방법은 더욱 불가능해진다. 오히려 부채 수준은 더 높아지고, 성장률은 구조적으로 더 낮아질 것이다.

긴축재정은 모든 나라에서
효과를 볼 수 있는 방법이 아니다

정부 부채를 줄이는 다른 방법으로 긴축재정을 생각할 수 있다. 즉, 연간 적자와 전체 부채 부담이 줄어드는 수준까지 정부 지출을 줄이는 것이다. 하지만 긴축재정 문제는 경제성장에 크게 부정적인 영향을 줄 수 있다. GDP 성장률을 낮추고 상대적으로 부채 부담은 더 커진다. 대표적인 예가 이탈리아다. 이탈리아에서는 지난 수년간 기초재정수지가 흑자였지만, 경제성장이 지지부진하여 GDP 대비 부채 수준은 그 어느 때보다 높았다.

독일의 경우에는 GDP 대비 부채 수준을 가까스로 낮출 수 있었는데, 이는 수출 호조로 인해 경제성장률이 상대적으로 높았던 덕분이며, 독일은 코로나19 이후에는 저축 정책으로 돌아갈 계획을 이미 세우고 있다. 페터 알트마이어Peter Altmaier 경제에너지부 장관은 한 인터뷰에서 독일 정부는 코로나19 위기가 지나가면 다시 균형 재정정책으로 돌아갈 것이라는 점을 강조했다.[7]

이것은 눈에 보이는 뻔한 실수를 저지르는 일이다. 그럴 경우 기업이 코로나19 위기 때 쌓인 부채를 상환하기 위해 자금을 모으려는 동안, 조세공과금이 늘어날 위험이 있기 때문이다. 또한 정부가 지난 15년간 지출했던 비용 수준과 비교해서 긴급하게 필요한 투자 비용을 줄일 수도 있다. 이 방법은 성장을 끌어내리고, 분배 갈등을 심화시키는 길일 뿐 아니라 기업이 국내가 아닌 해외에 투자하게 되는 요인이 된다.

긴축재정이 앞으로 몇 년 동안의 성장만 감소시키는 것이 아니다. 경제성장을 저해하지 않고 국내에서 긴축재정에 성공할 수 있는 유일한 전략은 수출에 의존하는 방법이다. 이것이 바로 지난 수년간 독일이 사용했던 전략이며, 지금 이 방법을 반복하려 한다. 하지만 이 방법이 모든 나라에서 동시에 효과를 나타내지는 않는다. 당연한 얘기지만 화성에 새로운 시장이 생기지 않는 한,

모든 나라에서 무역 수지가 흑자일 수는 없다. 그리고 독일도 다시 이 방법을 쓸 수는 없을 것이다.

이 방법의 역학관계를 설명하기 위해 독일의 자료를 살펴보자. 경제 전체의 저축액, 즉, 정부·가계·기업 부문의 총 저축액은 항상 영(0)이어야 한다. 예를 들어 가계에서 저축이 발생하면 이에 따라 기업 그리고 정부에 부채가 생긴다. 실제로는 또 다른 경제 부문이 하나 더 있다. 국내 저축액이 너무 커져 투자액이 작아지면, 해외 부문이 여기에 참여해 채무자가 될 수 있다. 하지만 그 경우에도 4대 부문의 저축의 합은 0이다.[8] 〈그림 9〉는 지난 몇 년간 독일의 재정 상황을 나타낸 그래프다.

이 그래프를 통해 가계와 기업, 정부 부문에서 수년간 저축이 이어져왔음을 알 수 있다. 결과적으로 독일은 GDP의 약 8%에 달하는 높은 수출 흑자를 기록했다. 그러므로 '세계 수출 챔피언'이라는 타이틀은 최대 자본 수출국이라는 역할과 밀접히 관련되어 있다. 독일은 저축액을 해외에 투자했지만, 투자 결과는 그다지 성공적이지 못했다.[9]

코로나19로 인한 이번 경제위기가 지나가고 나면, 세계 다른 나라에서(그리고 유로존에서도!) 다시 이 정도 수준으로 독일의 무역 수지 흑자를 받아줄 준비가 되어 있을지 의심스럽다. 코로나19 위기가 발생하기 전부터 독일은 무역 수지 흑자가 GDP의 8%를 넘는다고 큰 비판을 받았다. 미국의 보호무역정책을 우려해야

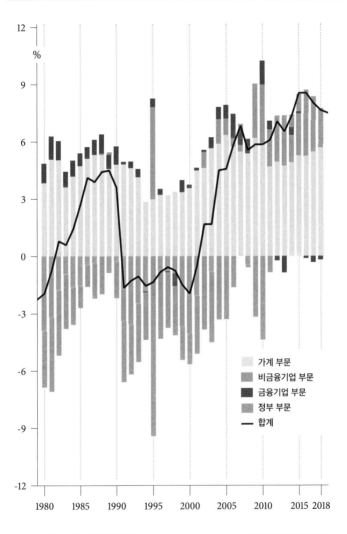

그림 9. 독일의 경제 부문별 재정 상황

가계 부문
비금융기업 부문
금융기업 부문
정부 부문
합계

출처: 독일 경제전문가위원회German Council of Economic Experts, 2019 국가 생산성 보고서
https://www.sachverstaendigenrat-wirtschaft.de/fileadmin/%ADdateiablage/gutachten/
jg201920/2019_Nationaler_Produktivitaetsbericht.pdf

했다.

실제로 무역 수지가 흑자라는 것은 독일이 국내에서 더 많이 소비해야 한다는 의미다. 민간 가계 부문에서 소비가 늘어나고 정부나 기업 부문에서 투자가 늘어야 한다. 긴축재정 정책으로의 회귀는 이러한 환경에서 작동할 수 없다.

이것은 모든 나라에서 마찬가지다. 코로나19 이후의 세계에서 각국 정부는 저축을 늘릴수록 긴축재정으로 인해 GDP가 줄어들고, GDP 대비 정부 부채 비율이 늘어나는 상황을 맞이할 가능성이 크다. 정부 지출이 줄어도 그렇게 될 것이다.

부유세,
현실적인 방안일까

정부 부채를 줄이기 위해 정치인들은 개인 자산에 과세해야 한다는 결론을 내릴 수 있다. 많은 정치인이 부유세가 정부 부채 문제를 해결하는 가장 공평한 방법이라 여기곤 한다. 하지만 그렇게 하려면 다음 한 가지 사실을 인정해야 한다.

부유세라는 투자는 부유세를 내야 하는 입장에서 볼 때 가치 있는 투자가 아니라는 점이다. 채무자인 정부가 약속을 지키지 못할 것이기 때문이다.

사실, 개인 자산의 규모는 상당하다. 투자은행 크레디트스위스 Credit Suisse가 발표한 최신 자료에 따르면, 이탈리아에서는 GDP 대비 개인 자산의 비율이 5.5배이고 이 비율은 스위스보다도 높다. 그리고 스페인이 5.3배로 그 뒤를 바짝 따르고 있다. 이 계산에 따르면, 독일은 3.8배로 비율이 훨씬 낮으며, 영국이나 프랑스, 미국과 일본보다 낮다.[10]

여기서 간단한 계산을 할 수 있다. 코로나19 위기로 인한 경제적 손실을 가정하더라도, 모든 나라에서 개인 자산이 정부 부채보다 훨씬 많다. 이탈리아의 경우, 20%의 자산세를 한 번만 부과해도 GDP 대비 정부 부채 비율이 100%p 줄어든다. 게다가 그런 세금을 낸 후에도 이탈리아 가정이 독일 가정보다 부유하다. 이런 사실은 프랑스 경제학자 토마 피케티의 말대로, 정부 부채보다 더 문제가 되는 건 민간과 공공 부문 사이의 부의 분배라는 사실을 보여준다.[11]

대부분 나라에서 개인 자산의 20~30% 감소라면 정부 부채를 유지할 만한 수준으로 줄이기에 충분하다. 사회적으로 용인될 만한 수준에서 부담을 나누기 위해 정치인들이 특정 수준 이상의 자산에만 세금을 부과할 것이라는 점은 의심할 여지가 없다.

부유세는 생각만큼 이상한 아이디어가 아니다. 전에 IMF는 2013년 유로존 부채 위기를 해결할 방안으로 부유세를 제안했다.[12] 이와 비슷하게 프랑스 총리실 산하의 정책연구기관인 프랑

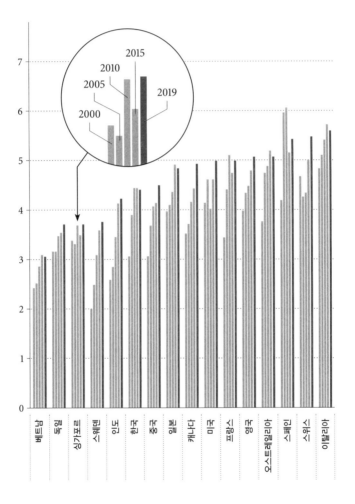

그림 10. 각 나라의 GDP 대비 개인 자산 비율

2015
2010
2005
2019
2000

브라질
독일
싱가포르
네덜란드
인도
한국
중국
일본
캐나다
미국
프랑스
영국
오스트레일리아
스페인
스위스
이탈리아

출처: 제임스 데이비스James Davies, 로드리고 루베라스Rodrigo Lluberas,
앤소니 셔록스Anthony Shorrocks, <2019 세계 부 보고서Global Wealth Databook>

스 스트래티지France Strategie도 정부의 부채 부담을 해결하기 위해 모든 자산에 특별세를 부과하자는 제안을 담은 보고서를 펴냈다.[13]

독일에는 부유세 정책의 전통이 있다. 1920년대 초인플레이션 hyperinflation이 지난 뒤, 그리고 1949년 제2차 세계대전 이후 독일 정부가 재정 부담을 더 공평히 나누기 위해 부유세를 각각 한 번씩 부과했던 적이 있었다. 오늘날에도 코로나19 위기가 초래한 정부 부채 문제를 해결하기 위해 20% 이상의 부유세를 한 차례 부과하자는 정치인들의 이야기가 이미 들려오고 있다. 코로나19가 지나간 이후에도 독일 정부의 부채 수준이 유로존의 다른 나라보다 훨씬 낮을 것이라는 사실에도 불구하고 말이다.

하지만 다른 유럽 국가에서는 이 정도 규모로 부유세를 부과하려는 움직임이 거의 없다. 금융위기가 절정에 달했을 때 겪었던 두 가지 일이 떠오른다.

당시 나는 경영 컨설팅 회사인 보스턴컨설팅그룹Boston Consulting Group의 파트너로서 유럽 전역의 기업 임원들을 만나 유럽재정위기에 접근할 방법을 논의했다. 이탈리아 어느 대기업의 최고재무담당자CFO는 유럽의 부채상환기금(부채 부담을 나누는 계획에 따라 기금을 모아 유럽의 부채를 상환한다는 아이디어였다)을 만들자는 아이디어에 그저 웃음을 터뜨리며 말했다. "주provinces에서 돈을 내고 있는데 왜 우리가 기금을 모아야 하죠?" 그 말은 유럽의 다른 나라에서 돈을 내고 있다는 의미였다. 어느 프랑스 대기업의 대표는 고개를 가로저으며 이렇게 말할 뿐이었다. "언제나 그랬듯이 우리는 인플레이션으로 이 문제를 해결할 것입니다."

여기에서 이런 결론을 내릴 수 있다. 어떤 나라에서는 부유세가 일반적인 방법일지 모르지만, 모든 정치인이 꼭 이 방향으로 나아가려 하지는 않는다. 이 세금을 내는 문턱이 상대적으로 낮게 설정되어 있을 경우에만 큰 수익을 가져다주기 때문이다. 게다가 많은 국민이 여기에 해당됨에 따라 세금 부담의 영향을 받게 된다. 결론적으로, 나는 정부 부채 문제를 해결하는 데 부유세가 중요한 역할을 할 수 있으리라 기대하지 않는다.

해결책으로서의
인플레이션

남은 부채 금액의 가치를 줄이는 또 다른 방법이 있다. 인플레이션으로 부채 금액의 가치를 날려버리는 것이다. 예상보다 높은 인플레이션이 발생하면 정부뿐 아니라 기업과 소비자의 부채 부담도 줄이는 결과를 가져온다. 이러한 이유로 인플레이션은 정책 입안자들에게는 저항할 수 없는 매력적인 선택지다.

현재의 아웃풋 갭이나 과잉 설비overcapacity, 느린 임금 상승을 생각하면 인플레이션 발생이 어려워 보이는 것은 틀림없다. 사실 이러한 상황 때문에 많은 경제학자들이 정반대의 결과, 즉 디플레이션을 걱정한다. 하지만 나는 경제학자 밀턴 프리드먼Milton Friedman의 말에 동의한다. "인플레이션은 언제 어디서나 화폐적 현상으로 화폐량이 생산량보다 빠르게 증가할 때 발생한다." '통제된' 인플레이션을 일으키는 건 어려울 것이다. 인플레이션은 한번 시작되면 통제하기 매우 어렵다. 케첩 병을 흔든 뒤 뿜어져 나오는 케첩의 흐름을 통제하려는 것이나 마찬가지다.

하지만 '금융억압financial repression'이라는 '완화'된 인플레이션 방안이 있다. 제2차 세계대전 이후 미국과 영국 정부가 부채 부담을 낮추기 위해 사용했던 정책이다.[14] 투자자가 '무위험 자산risk-free assets'이라 불리는, 수익이 낮은 국채에 투자하도록 법으로 강제하는 것이다. 경제의 명목 성장률이 국채금리보다 높으면 GDP 대비 정부 부채 비율이 연평균 GDP의 3~4% 정도로 상당히 낮아진다.

금리가 매우 낮은데도 사실상 서구 주요 국가는 전부 지난 10년간 경제성장과 금리 사이의 격차 속에서 고군분투해왔다.

그러면 어떻게 금융억압을 이룰 수 있을까?

• **저금리**: 서구 국가의 중앙은행은 2008년 금융시장 위기 이후, 모두 금리를 공격적으로 인하했다. 그래서 금리는 사상 최저 수준이고, 이로 인해 명목 금리를 추가로 인하할 여유는 그리 많지 않다.

- 높은 경제성장: 가장 좋은 방법은 경제가 실질적으로 더 많이 성장하는 것이다. 하지만 안타깝게도 지금까지 살펴본 것처럼, 경험상 높은 경제성장을 이루리라는 희망을 그다지 품을 수 없다.

- 높은 인플레이션: 금융억압이 성공하려면 상당한 인플레이션이 있어야 한다는 것은 분명하다. 금리와 경제성장 사이의 격차가 클수록 금융억압은 더 빨라진다. 숫자로 살펴보도록 하자. 어느 나라에서 이자 지급분에 새로운 부채의 2%를 더하면 명목 금리가 3%이고, 실질 경제성장률은 1%라고 하자. 5%의 금융억압이 있으려면 9%의 인플레이션이 필요하다.

- 자본통제/정부개입: 이 방법은 기존의 부채 부담을 줄이려면 전통적 방법 이상의 것이 필요하다는 것을 보여준다. 이 방법을 사용하려면 국가 간 자본 흐름cross-border capital flows을 금지하고, 저축의 투자처를 엄격하게 통제하는 등 정부가 금융시장에 깊숙이 개입해야 한다.

지금까지 지난 10년 동안 중앙은행이 실시한 정책은 정책 입안자들이 바랐던 인플레이션을 만들어내지 못했다. 채무가 과도한 상황에서, 그리고 1~2장에서 살펴본 것처럼 기존 자산을 구매하고 투기하는 데 신규 대출을 주로 사용하는 상황에서 인플레이션을 일으키기는 매우 어려워 보인다. 하지만 코로나19가 경제에 엄청난 충격을 줄 것이 명백하기 때문에 앞으로 인플레이션이 다시 돌아올 수도 있다. 하지만 그러려면 중앙은행과 정부가 더 극단적인 정책수단을 동원해야 할 것이다. 여기에 어떤 정책수단을 쓸 것인지에 관해서는 다음 장에서 자세히 알아보기로 한다.

쉽게 찾을 수 있는
출구는 없다

엄청난 정부 부채를 아무런 고통 없이 해결할 방법은 분명 존재하지 않는다. 그래서 빚을 그저 계속 쌓기만 한다. 일본은 수년 동안 GDP의 200%가 넘는 정부 부채와 함께하고 있다. 손실분은 대체로 일본 중앙은행이 조달하며, 일본 중앙은행이 현재 일본 정부의 최대 채권자다. 유럽도 이러한 일본식 시나리오를 경험하게 될 것이다. 코로노믹스Coronomics는 좋든 싫든 우리를 찾아온다.

제8장

경제
정책의

최종
단계

　지금까지 세계 곳곳 여러 나라 정부가 부담해야 할 엄청난 비용을 살펴보았다. 각국 정부는 수십억 달러 규모의 경기부양 정책을 발표했다. 유럽연합 회원국에서는 1조 유로가 넘는 경기부양 정책을 내놓았고, 미국 의회는 2조 달러 규모의 구제 정책과 더불어 경기부양을 위해 2조 달러를 추가로 투입하는 정책을 승인했다. 미국의 경기부양 정책은 여기서 그치지 않는다. 세계 다른 나라처럼 미국에서도 더 많은 경기부양 정책이 나올 것이다. 이는 세계 역사상 최대의 경제 충격과 싸우기 위해 치러야 할 대가다.

　각국 중앙은행 또한 본분을 다하고 있다. 다시 한번 시장에 유동성이 넘쳐흐르게 함으로써 코로나19 위기가 발생하기 이전 몇 달 동안 제기되었던 우려와는 달리, 중앙은행이 여전히 엄청난 통화정책 조치를 확대할 수 있음을 보여주고 있다.

자본시장은 처음에 크게 반응하지 않았고, 더 많은 경기부양 정책을 필요로 했다. 예를 들어 중앙은행이 유동성을 더 확대한다거나 정부가 지출을 늘리는 등 경기를 부양할 수 있는 여러 방법이 필요했다.

여기서 하나의 궁금증이 생긴다. 그 재원을 어떻게 마련할 수 있을까? 1장에서 살펴보았던 것처럼, 코로나19가 발생하기 전 이미 세계 경제에는 엄청난 부채가 쌓여 있었다. 지난 수십 년간 각국 정부는 부채가 불러온 결과를 해결해야 하는 상황에 종종 맞닥뜨렸다. 그래서 거품이 꺼지면서 위기가 찾아오거나 반대로 위기 후에 거품이 생기기도 했다. 우리는 이 길을 계속 갈 수 있을까? 아니면 코로나19 위기로 인해 재정 적자를 점점 늘리는 방식을 끝내게 될까?

대출에
의존하는 삶

엄청난 부채에 시달리는 것은 정부뿐 아니라 기업이나 가계도 마찬가지다. 기업과 가계 대출이 늘어나도 경제성장의 발목을 잡는다. 세계적으로 부채가 1달러씩 새로 늘어날 때마다 GDP 성장에는 부정적인 영향을 미친다.

외부 충격이 전혀 없어도 경제 상황은 심각하다. 부채는 늘어나고, 정치권에서는 자금도 없이 앞으로 연금과 건강보험을 지원하겠다는 약속을 하며, 성장률은 낮고 생산성 이득은 충분하지 않다. 전체적인 상황이 이런 식이라면, 분명 경제는 성장을 지속할 수 없다.

세계은행, 국제통화기금, 경제협력개발기구 같은 국제기구에서는 지금까지의 방식을 바꾸어야 한다는 목소리가 점점 높아졌다. 하지만 부채를 계속 늘리는 정책을 버려야 한다고 제안하지는 않았다. 반면, 부채를 늘리지 않고 수요를 증대하고 경제에 신규 자금을 투입할 방법을 찾았다. 쉽게 말해 중앙은행이 국가가 부담해야 하는 비용을 감당하는 것이 현실적인 방안이 된 것이다.

모두에게 찾아온
일본식 시나리오

이렇게 생각하는 이유는 서구 세계 전체에 '일본식 시나리오'에 대한 우려가 깔려 있기 때문이다. 일본식 시나리오란 저성장이

그림 11. 성장에 점점 부정적인 영향을 주는 부채

신규 부채 1달러당 GDP

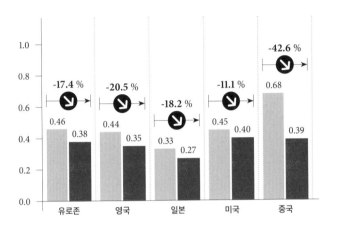

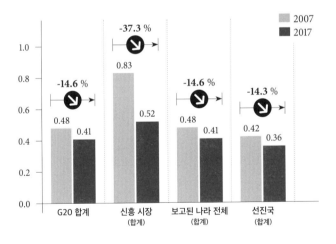

출처: 호이징턴Hoisington, https://hoisingtonmgt.com/pdf/HIM2018Q2NP.pdf

오래 지속되고, 가격이 하락하며(디플레이션), 이에 따라 상대적으로 경기가 하락하는 상황을 뜻한다.

특히 유로존은 사실 코로나19 충격이 찾아오기 전부터 유럽판 '일본식 시나리오'를 향해 나아가고 있었다. 도이체방크는 1980년대 말 거품이 꺼진 이후의 일본 경제 상황과, 유럽재정위기가 시작된 이후 유로존의 경제 상황을 비교하는 연구를 진행했다. 그리고 양국 사이에 다음과 같은 유사점이 있다고 요약했다.[1]

- 금리 변화 양상이 거의 똑같다. 일본과 유로존, 양쪽에서 모두 위기가 시작된 후 실질 금리가 크게 떨어졌고, 그 후 저금리 상태를 유지하고 있다.

- 인구는 경제위기가 시작되기 전 최대가 되었다가 이후 줄어들기 시작했다. 인구 고령화로 인한 노동력 감소가 특히 두드러지게 나타난다. 독일과 일본의 인구 변화를 살펴보면 인구가 똑같은 모습으로 줄어들고 있는 점이 눈에 띈다.

- 연금생활자의 수가 늘었다는 점 또한 똑같다. 1990년 이후의 일본처럼 독일에서도 노동 가능 인구는 줄어드는 반면, 연금생활자의 수는 크게 늘어났다.

- 일본처럼 유럽도 거품이 꺼진 후 금융 시스템 재편을 꺼렸다. 시간이 흐르면서 금융 시스템이 저절로 회복되기를 기대했기 때문이다. 회계 규정이 완화되었고, 금융 시스템이 아니었다면 파산했을 금융기관과 기업이 살아남았다. 이러

한 '좀비' 기업이 존재할 수 있는 것은 저금리 때문이다. 좀비 기업은 투자도, 혁신도 하지 않기 때문에 경제성장에 훨씬 더 악영향을 준다.[2] 그러므로 코로나19 위기가 시작된 후 신용평가 기관들이 유럽 금융기관의 등급을 즉시 낮춘 것은 놀랄 일이 아니었다.[3]

- 1989년 경제 충격 이후 일본처럼 유럽의 국가들도 금융위기와 유럽재정위기의 충격에서 헤어나오지 못했다. 위기 이전과 비교해 경제성장 수준은 크게 하락했다.

- 분석에 따르면 이탈리아 경제가 특히 일본과 비슷한 모습을 보이는데, 이탈리아는 지난 수십 년간 여러 경제위기로부터 결코 벗어나지 못했다.

최근 일본에서는 취업자 1인당 GDP 비율이 크게 늘어나고 있다. 덕분에 노동 인구 감소로 인해 발생하는 충격을 많은 부분 흡수할 수 있었다. 반면 유럽에서는 생산성이 훨씬 더디게 늘어나고 있으며, 최근에는 오히려 줄어든 나라도 많다. 그 말은 유럽의 상황이 일본보다 훨씬 더 나쁘다는 것을 의미한다.

곤경에 빠진
중앙은행

제2장에서는 금융시장의 발전과 관련해 중앙은행이 맡은 유감스러운 역할에 관해 이야기했다. 중앙은행의 역할에 대해서는 더욱 자세히 살펴볼 필요가 있다.

1980년대 이후 전 세계에서 금리가 계속 낮아지고 있다. 서구 국가의 중앙은행은 금융시장이나 경제가 흔들릴 때마다 발 빠르게 대응했다. 금리를 인하하고, 시장에 더 많은 유동성을 공급했다. 하지만 시간이 지난 뒤에는 결코 금리를 이전 수준으로 돌려놓을 수 없었다. 그렇게 수십 년이 지나는 동안 금리는 계속 낮아졌다. 유럽에서는 유로화가 도입되면서 금리가 한층 더 낮아졌다. 유럽중앙은행이 유로화 도입 초기에 당시 경제 상황이 어려웠던 독일을 돕기 위해 유로화 금리를 아주 낮은 수준으로 유지했기 때문이다. 이것이 오늘날 경제위기에 처한 나라들이 늘어난 부채와 부동산 열풍으로 몸살을 앓는 이유다.

금융 시스템에 부채가 많을수록 미래 위기에 취약하고, 위기가 올 때마다 경제를 위협한다. 그렇게 되면 중앙은행이 다시 시장에 개입할 수밖에 없고, 자금을 훨씬 싸게 사용할 수 있게 되면서 투자자와 투기꾼이 대출을 더 많이 얻는다. 중앙은행이 처방한 약은 사실상 병을 더 악화시켰다.

늘어난 부채 부담은 우연히 일어난 일이 아니다. 기존 채무 원리금을 상환할 수 있다는 환상을 유지하기 위해서 피할 수 없는 일이다. 부채 부담이 늘면서 나타나는 부작용은, 부채를 기반으로 삼은 통화 체제의 일부로 받아들여야만 한다. 화폐가치가 떨어지면 어쩔 수 없이 자산 소유주가 유리해지는 등 그 어느 때보다 높아진 자산가격이 불러오는 부작용과 마찬가지다. 이 모든 것은 근본적으로 토마 피케티 같은 경제학자들이 비판하듯이 소득과 부의 탈동조화decoupling 현상이 나타났기 때문이다.[4] 차입을 늘리지 않으면 자산가격은 추가 상승하지 않을 것이다. 이렇게 본다면 거품은 우연히 발생하는 것이 아니라, 이 과정에서 나타나는 불가피한 현상이다.

코로나19 위기가 발생하기 전부터 각국 중앙은행은 이미 점점 절망적인 상황으로 빠져들고 있었다. 말하자면 자신을 스스로 궁지에 몰아넣은 것이다. 중앙은행이 처한 상황을 요약하면 다음과 같다.

- 최근 자산 시장 평가 가치가 사상 최고를 기록했다. 원인은 저금리와 기록적인 대출 금액이다. 코로나19가 찾아오기 전 미국 주식시장의 GDP 대비 주가는 사상 최고치에 달했다.

- 실물 경제 내 부채가 기록적 수준을 나타내고 있다.

- 각국 중앙은행은 서로 통화전쟁을 벌이고 있다. 각자 국내 산업을 보호하기 위해 자국의 화폐가치가 다른 나라의 화폐가치보다 지나치게 평가절상되지 않도록 항상 주의한다.

- 공식적으로는 인플레이션을 막겠다고 이야기하면서 현실적으로는 재정 적자의 실질 가치를 줄이기 위해 노력해야 하는 딜레마에 빠져 있다.

- 다음 경제위기가 찾아올 때 금리를 충분히 낮추어 대응할 수 있도록 이자율을 크게 올렸어야 했다. 하지만 중앙은행에서는 그렇게 하지 않았다. 세계 경제 내 부채 수준이 높다는 점, 그리고 자산 시장이 엄청난 대출을 바탕으로 하고 있어 금리 상승에 대처할 수 없을 거라는 사실을 알고 있었기 때문이다.

- 대체로 정치가 제 기능을 발휘하지 못한다. 경기 상승세가 정점이었을 때 미국에서는 차입금을 이용해 세금을 감면하고, 사회기반시설을 확충하는 정책이 시행되었고, 세계 교역 전쟁을 시작하였다. 유럽에서는 유럽연합이 브렉시트를 결정한 영국에 가혹한 공격을 퍼부었다. 다른 회원국이 비슷한 방식으로 이탈하는 것을 막기 위해서였다. 동시에 유럽재정위기에 대응할 진정한 해결책 시행은 늦어지고 있었다.

이상의 상황을 살펴보면 대단히 흥미로운 질문이 떠오른다. 다음 위기는 경제 상황의 최종 단계를 불러올 것인가? 아니면 모든 사람이 자산가격 상승과 안정된 경제 속에서 자산 가치의 환상을 몇 년 더 즐기도록, 중앙은행이 현재 시스템을 한 번 더 작동시킬 방안을 고안해낼 것인가? 하지만 어느 누구도 우리가 코로나19와 같은 역사적인 위기에 잘 대처할 수 있으리라고는 생각하지 않는다.

급진적 방안

코로나19 위기가 발생하기 전부터 사람들은 중앙은행의 정책 수단을 확대할 방안에 관해 깊이 있게 생각했다. 그래서 떠오른 질문은 다음과 같았다.

'금리가 이미 0이고(또는 0보다 낮고), 이미 수조 유로에 달하는 채권도 매입한 상황에서 지난 30년 동안의 방식을 어떻게 계속 유지할 수 있을까?'

이 질문에 대한 논의 과정에서 나온 몇 가지 제안들은 상당히 논리적으로 보인다. 다음 제안들의 목적은 중앙은행이 현재 시스템을 벗어나지 않으면서 이미 마이너스인 금리를 한층 더 내리고, 시장에 유동성을 추가 공급할 방법을 찾기 위해서였다.

- 현금에 대항한다: 현금 사용을 막으려는 운동은 수년간 지속하고 있다. 우선, 케네스 로고프Kenneth Rogoff 전 IMF 수석 이코노미스트와 같은 경제학자는 가능한 한 현금 사용을 차단해야 한다고 주장했다. 주된 이유는 비공식적 경제와 범죄에 대항하기 위해서다.[5] 둘째, 500유로짜리 지폐 발행이 중단되었다. 이로 인해 현금 보관 비용이 크게 늘었다. 마지막으로 IMF는 은행 계좌 잔액에 마이너스 금리가 부과되었을 때 출금을 막기 위해 현금에 세금을 부과하자는 아이디어를 냈다.[6] 이상의 아이디어는 계획하에 이루어지는 화폐의 평가절하, 그에 따라 매출채권과 부채 금액을 평가절하한다는 시나리오에 들어맞는다. 그런 맥락에서 코로나19 사태가 발생한 직후부터 현금이 질병의 감염 경로일 가능성이 있다고 보고, 사용을 제한하자는 주장이 나온 것도 놀랍지 않다.[7]

- 금에 대항한다: 현금에 대항하는 것과 비슷하게 IMF는 또 다른 조사보고서를 통해 금이 경제를 불안정하게 만드는 요소라고 설명했다.[8] 이는 금액이 얼마가 됐든 유동성을 만들어 경기를 부양하는 경세 체세 속에서는 물론 맞는 밀이다. 현재 금본위제로 돌아가기를 원하는 사람이 아무도 없는데, IMF에서 지금 이 주제를 꺼낸 것은 이상한 일이다. 그 이유는 아마 재정정책과 통화정책에 대한 불신 때문이거나 금의 개인 소유를 제한해야 한다는 도덕적 논쟁을 벌이기 위해서일 것이다. 특히 앞으로 위기가 예상될 때 금은 자산을 도피시킬 수 있는 최종 가치 저장 수단이기 때문이다. 금의 개인 소유를 금지하는 것은 있을 수 없는 일이라고 생각하는 사람은 독일과 미국의 역사를 떠올리기 바란다.

- **자본이동 제한:** 상황에 따라 자본의 자유로운 이동을 제한하는 것은 경제위기를 예방하고 금융시장을 안정화할 정당한 수단으로 보인다.[9] 마이너스 금리일 때 예금자가 출금하는 것을 막으려면, 자본이동을 제한하는 정책을 쓸 수밖에 없다. 현금과 금이 더는 예금의 대체수단이 될 수 없다면 예금자에게 남은 방법은 예금을 외환으로 바꾸는 것뿐인데, 이때 예금을 보호하기 위해서는 예금자가 저축을 외환으로 교환하지 못하도록 막아야 한다.

- **재정 적자의 화폐화**Monetisation of debt**:** 통화정책으로 인한 부작용을 완전히 피할 수 없게 되면 부채 문제를 '해결'하는 데 초점을 맞춘다. 먼저 정부 부채를 '화폐화'하는 방법이 있는데, 이전에도 한동안 논의되었다. 재정 적자의 화폐화란 중앙은행이 대차대조표상의 정부와 민간 부채를 그냥 없애는 것을 의미한다.[10] 또는 부채를 100년간 무이자인 상태로 영구화하는 방식도 있다. 경제적 측면에서 둘은 결국 같은 방법이다. 독특한 해결책이기는 하지만, 지켜보는 사람들은 이 방법이 화폐가치를 위협하지 않으리라고 예측한다.[11] 실제 어떤 일이 일어날지 우리는 지켜볼 수밖에 없다. 몇 년 앞서 이런 상황을 경험하고 있는 일본이 '재정 적자의 화폐화'로 가고 있는 것을 보면 남의 이야기처럼 들을 수만은 없는 상황이다.

- **헬리콥터 머니**Helicopter Money**:** 중앙은행의 대차대조표에서 과거의 부채를 지우는 것만으로는 문제가 충분히 해결되지 않을 수 있다. 좀비 기업들이 여전히 남아 있고, 정부가 비용을 준비하지 않은 채 공약한 정책 때문에 숨겨진 부채

도 있으며, 생산성 향상에 따른 편익은 여전히 적고, 노동력은 크게 감소할 것이다. 그렇게 되면 경제성장이 상당히 지지부진해 사회적 갈등을 줄일 수 없게 된다. 이런 상황에 대한 해답은 중앙은행이 직접 자금을 제공하는 정부의 경기 부양 정책에서 찾을 수 있다. 경제학자 밀턴 프리드먼은 이를 '헬리콥터 머니'라 불렀다. 실제로 헬리콥터에서 밖으로 돈을 뿌리는 것은 아니지만, 중앙은행이 정부에 통화를 공급하여 정부가 투자 등의 방식으로 그 돈을 국민에 나눠주는 것이다. 헬리콥터 머니를 매우 자연스러운 문제 대응 방법으로 보는 경제 전문가가 늘어나고 있다.[12]

- **현대통화이론**Modern Monetary Theory, MMT: 그런데 중앙은행은 왜 경제위기 상황에서만 정부에 직접 재정을 조달해야 하는 것일까? 오늘날 중앙은행이 하는 것처럼 시중 은행을 통하는 대신 중앙은행이 직접 정부에 넉넉하게 통화를 공급하면 어떨까? 처음 이런 아이디어를 떠올렸던 학자들은 이를 '현대통화이론'이라 불렀다. 현대통화이론을 회의적인 시각으로 보면, 그다지 '현대'석인 이론은 아니라고 말할 수 있다. 옛 독일 바이마르 공화국에서 이미 시도했던 방법이기 때문이다.

당연히 현대통화이론을 지지하는 사람들은 상황을 아주 다르게 바라본다. 현대통화이론 지지자들에 따르면, 중앙은행에 대한 통제권을 지닌 정부는(예를 들어 미국의 경우가 그렇다. 하지만 이탈리아는 그렇지 않다) 통화를 새로 찍어내 원하는 만큼 지출할 수 있다. 경제 내 생산 능력이 남아 있고, 정부가 바라는 바를 전부 이룰 수 있을 만큼 경제가 충분히 혁신적, 생산적이라면 말이다! 인플레이션이 여전히 걱정된다면 세금을 높여 대량의 통화가 시중에 유통되는 것을 막는 수밖에 없다. 이러한 관점에서 보면 인플레이션에 시달렸던 짐바브웨, 베네수엘라, 바이마르 공화국 시절의 독일은 정책의 방향은 맞았지만, 과세에 세심한 주의를 기울이지 않았던 것뿐이다. 하지만 노벨 경제학상을 받은 경제학자 폴 크루그먼Paul Krugman도 경제 내에서 정부의 역할이 커지는 것에 대해 반대하지는 않지만, 현대통화이론에는 반대한다. 그러나 누가 어떻게 생각하든 현대통화이론은 세계 경제가 나아가는 방향을 분명히 보여준다.

다시 한번 강조하지만, 이상의 논의는 코로나19가 발생하기 전에 있었던 이야기들로, 미래에 다가올 일반적인 경기 침체에 대응하기 위해 정치권과 중앙은행이 제시했던 정책 수단이었다. 코로나19처럼 대공황 이후 가장 큰 경제 충격을 받았을 때를 대비하기 위한 것이 아니었다.

코로나19 때문에
가능해지다

정치인들이 마주한 문제는 앞서 소개한 극단적인 정책 수단을 대중에게 설명해야만 한다는 점이었다. 낮은 경제성장률과 물가성장률은 정책 기조 변화의 이유로 삼기에 충분하지 않았다. 너무 오랫동안 중앙은행의 독립성과 중앙은행의 핵심 목표가 통화 안정성 추구라는 점을 강조해왔다. 물가상승률이 높았던 1970년대의 기억이 아직도 사라지지 않았기 때문이다. 게다가 독일의 경우, 바이마르 공화국 시절에 초인플레이션을 경험했던 트라우마가 남아 있다. 그래서 독일은 과거 유럽중앙은행이 유로존 내에 공동 기금을 조성한다는 제안에 찬성하기가 어려웠다. 지금까지 독일 연방헌법재판소는 정부 재정의 화폐화 금지 규정을 위반하는 경우를 포함해, 유럽중앙은행의 정책에 반하는 고소 내용은 전부 기각했다. 하지만 앞으로 계속 그런 기조를 유지할지는 불분명하다.

그러므로 크리스틴 라가르드 총재가 새로 사령탑을 맡은 유럽중앙은행에서 기후변화에 적극적으로 대응하는 역할을 맡겠다고 말한 것은 우연이 아니다. 유럽에서 '그린 딜Green Deal'을 지지한다는 것은 본질적으로 기후변화 대응에 필요한 각국 정부의 비용을 유럽중앙은행에서 제공하겠다는 이야기에 다름 아니다. 물론 유로존은 아직 이 문제를 다룰 준비가 되어 있지 않다. 하지만 녹색 정책과 같은 좋은 대의명분을 내세워 정치적 지지를 얻으려는 시도는 나쁘지 않았다.

그리고 나서 코로나19가 닥쳐왔다. 코로나19 위기는 1930년대 대공황 이후 최대의 경제위기이고, 세계적으로 그리고 유로존 내에서도 수조 달러를 동원해야 하기에 분명 중앙은행과 공공재정이 더 이상 분리되지 않아야 사태에 대응할 수 있다. 독일·오스트리아·네덜란드 사람들은 여전히 세금과 저축을 통해 부채를 통제할 수 있다고 생각할 것이다. 하지만 유럽연합 내 다른 회원국들은 한 번도 그렇게 믿지 않았고, 일본과 미국이 그랬듯이 그러려고 하지도 않았다.

그러므로 우리는 분명히 '재정과 통화의 정책협조'라는 새 시대를 맞이하고 있다. 그것은 곧 정부 지원금을 국민에게 직접 나눠주든 혹은 재정 적자 일부를 영구히 '화폐화'(적자 비용 조달)하든 '헬리콥터 머니' 형태의 정책이 나타난다는 의미다. 정책 지지자에 따르면 이 정책의 가장 좋은 점은 공공 또는 개인 채무를 늘리지 않고 수요를 증대할 수 있다는 점이다.

역사를 돌아보면 20세기에 오랫동안 이런 형태로 정부 재정을 마련한 적이 있었다. 중앙은행이 정부를 직접 지원하는 방식은 1930년과 1970년 사이에 널리 도입되었다. 대공황 이후, 제2차 세계대전의 비용을 조달했을 때, 그리고 GDP 대비 재정 적자 비율이 처음부터 높은 상태에서 전후 재정확대를 통해 경제에 활력을 불어넣으려 했을 때, 정부가 택한 중요한 방법이었다. 현재 우리가 맞이한 상황도 바로 그렇다.

과거 역사적 사례를 살펴봄으로써 문제 해결에 도움을 얻을 수 있다.[13]

- **뉴딜 정책을 통한 직접금융**Direct Financing*(1933-1945): 루스벨트 대통령은 뉴딜 정책의 하나로 **부흥금융공사**Reconstruction Finance Corporation, RFC를 세워 대공황 기간에 은행과 기업에 자금을 지원했다. 1933년에서 1945년 사이에 부흥금융공사는 330억 달러(현재 구매력으로 환산하면 1조2000억 달러다)가 넘는 금액을 대출해준 세계 최대의 금융기관이었다. 부흥금융공사와 함께 또 다른 변화도 있었다. 중앙은행이 유가증권으로 국채를 매입할 수 있게 된 것이다. 이는 곧 중앙은행이 정부에 직접 자금을 지원할 수 있다는 뜻이다. 금의 개인 소유도 금지되었다. 당시로서는 대규모 경기부양 정책이었다. 미국 연준은 정부 부채의 이자 비용을 줄이려는 목적으로 국채를 대량 매입했다.

- **일본 정부의 재정 적자 화폐화(1931-1937)**: 재정 적자를 화폐화한 가장 성공적인 사례는 1930년대 일본 정부에서 찾을 수 있다. 1931년 금본위제를 포기하고 엔이 평가절하된 뒤, 일본 정부는 대규모 재정확대를 시행해 경제를 되살렸다. 재성확대 비용은 주로 중앙은행의 화폐발행을 통해 조달했다. 1932년 11월 일본 정부는 적자 국채 전부를 민간 금융기관이 아닌 **일본은행**Bank of Japan에 매도하기 시작했다. 그 후 1933년 일본은 세계 경제위기를 극복했고, 인플레이션도 크게 발생하지 않았다.

- **민간 금융기관으로부터 강제 조달**: 민간 금융기관이 정부가 정한 만기일과 이

---

* 기업이 경영활동에 소요되는 자금을 금융 기관을 통하지 않고 자체 신용을 바탕으로 주식, 채권 따위를 발행함으로써 직접 조달하는 방법.

자율에 따라 대출을 승인하도록 나라에서 강제할 수 있다. 제2차 세계대전 기간에, 그리고 전후에 이러한 정책을 택한 나라가 여럿 있었는데 미국·캐나다·영국이 여기에 포함된다.

이상의 예를 살펴보면 중앙은행이 정부에 직접금융을 제공하는 것은 새로운 생각이 아니다. 경제가 위기에 처했을 때 대규모 정부 지출 비용을 조달하기 위해서 이미 많이 사용된 방법이다. 또한 〈그림 12〉에 나타난 20세기에 영국과 미국의 정부 부채의 양상을 보아도 알 수 있다. 결국, 정부는 중앙은행의 도움이 있어야만 지출 비용을 조달할 수 있다.

서구 국가들은 감당할 수 없는 재정 적자와 정치권의 지키지 못할 약속으로 인해 코로나19 발생 이전부터 이러한 정책 방향으로 나아가고 있었다. 그렇다 해도 현재 코로나19로 인한 경제위기에 맞서 좀 더 공개적이고 공격적으로 이런 정책을 펼쳐야 한다는 사실에는 변함이 없다.

위의 예에서 볼 수 있듯이, 중앙은행이 정부에 직접금융을 조달하는 것은 아주 효과적인 정책 수단이며, 반드시 물가상승률을 높이는 것도 아니다. 인플레이션은 정치인들이 현상을 과장해서 이야기할 때, 그리고 인플레이션이 발생한다는 신호가 있어도 중앙은행이 대응에 나서지 않았을 때 나타난다. 그렇지만 역사 속 사례를 살펴보면 인플레이션 대응이 얼마나 어려운 일인지 알 수 있다. 1935년 일본에서 인플레이션이 발생하기 시작했을 때 다카하시 고레키요 내각총리대신은 이에 대응하기 위해 정부 지출, 득히 군비를 줄였고, 인플레이션을 억제하려고 자유 시장에 국채를 다시 매각했다. 국민들은 인플레이션 억제 정책을 매우 싫어했고, 그는 결국 살해되었다.

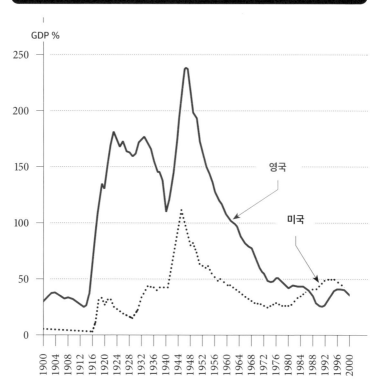

그림 12. 영국과 미국의 공공 부채 변화: 1900-2000년

출처: 의회예산국Congressional Budget Office, '국가 채무 역사 자료', 영국 공공비용 지출

대안은
무엇일까

오늘날 대부분의 선진국에서는 정부가 중앙은행의 자금에 직접 접근하지 못하도록 법률적 장벽을 세워두었다. 1970년대 인플레이션율이 매우 높았던 탓이다. 특히 독일은 중앙은행이 정부에 직접금융을 지원하는 방식을 단호히 거부한다. 앞서 말했듯이, 바이마르 공화국 시절에 겪었던 초인플레이션에 대한 뿌리 깊은 기억 때문이다. 사실, 위험부담은 크다. 정치인들이 중앙은행 자금에 접근하는 순간에 자제력을 발휘할 것이라고 누가 믿겠는가? 나역시 믿지 않는다.

하지만 우리는 현실적으로 생각해야 한다. 그렇다면 우리에게는 어떤 대안이 있는가? 대안이 될 만한 방법을 간단히 살펴보자.

- 정부가 재정이 고갈되었음을 인정하고 대규모의 새로운 경기 침체가 발생하도록 놔둔다. 다행스럽게도 이 방법을 진지하게 고려하는 나라는 전 세계 어디에도 없다. 대규모 경기 침체가 발생하면 사회적, 정치적 파장이 엄청날 것이고, 우리는 역사를 통해 그 결과가 어떨지 이미 알고 있다.

- 정부가 차입하고, 높은 금융비용을 부담한다. 그 후 경제위기의 긴급한 상황이 지나가면 적자를 줄이기 시작한다. 하지만 이렇게 되면 경기 회복세가 약

해지기 때문에 모든 나라에서 동시에 이 방법을 택하기는 어려울 것이다. 그로 인해 국가 간 긴장이 고조되고, 보호주의가 아주 강해져(코로나19 사태가 발생하기 전부터 이미 그런 분위기가 조성되고 있었다), 경제성장이 약화할 것이다.

- 앞서 이야기했던 것처럼 부유세가 또 하나의 대안이다. 하지만 부유세는 인기 있는 정책이 아니고, 나라마다 전통도 매우 다르다. 유럽연합과 유로존처럼 나라 간 재분배가 필요한 체제 하에서는 모든 나라에 부유세를 부과하지 않는 한, 올바른 방법이 아니다. 모든 나라에서 부유세를 부과할 가능성은 거의 없으므로, 이 방법은 이론으로만 존재한다.

여기서 이제 통화정책이 문제해결 방법으로 떠오른다. 확신하건대 유로존에서는 온갖 반대를 무릅쓰고(특히, 독일의 반대) 현재 금지된, 유럽중앙은행이 각국 정부에 직접금융을 제공할 방법을 찾을 것이다. 지난 10년간 유로화를 구제하기 위한 정책 수단으로 이미 쓰였던 방법이기 때문에 독일 정부 역시 이 길을 따르게 될 것이다. 그러나 독일 국민에게 무슨 일이 일어나는 건지 감추려면 이 정책을 교묘하게 표현할 방법을 찾아야 한다. 위기 대응을 위해 유럽연합 차원에서 채권(코로나 채권으로 부를 수 있겠다)을 발행하여 유럽중앙은행이 직접 매입하는 방법도 생각할 수 있다. 예를 들어 100년 이상의 만기일자로 0% 금리의 유럽연합 채권을 1조 유로 규모로 발행하는 것이다.

코로나19 위기가 불러온 충격과 인구구조 변화를 고려하면 인플레이션 위험은 처음에는 낮을 가능성이 크다. '처음에는'이라는 부분을 강조해야 하지만 말이다.

다른 무엇보다
인플레이션

2020년 3월 말 샌프란시스코 연방준비은행에서 흥미로운 연구 보고서를 내놓았다. 그 보고서에서는 흑사병, 스페인 독감, 그리고 2009년 신종 플루(신종 인플루엔자A, H1N1)를 포함하여 12건의 대유행 전염병이 경제에 미친 영향을 심도 있게 분석했다.[14] 모든 경우에 실질 임금이 증가했다. 이것은 수십 년간 경제가 위축된 이후 노동 소득의 비중이 증가하고, 자본 소득의 비중이 줄어들었다는 의미일 것이다. 고령화 사회와 노동력 감소를 생각하면 이러한 변화는 어쨌든 예상할 수 있는 일이다. 코로나19도 이런 경향을 강하게 나타낼 것이다.

임금이 오르면 물가가 오르고, 이에 따라 물가상승률도 높아진다. 한편 지나간 경제위기의 경험을 바탕으로 보면 전염병은 전쟁과 다르다. 전쟁이 끝나면 파괴된 물리적 자산을 다시 세우고 복

구하느라 경제가 빨리 성장한다. 하지만 전염병이 돈다고 해서 기계나 장비, 건물이 망가지지는 않는다. 이 점이 선염병 이후와 전쟁 이후가 다르다. 그러므로 초기의 경제회복 단계를 지나면 경제성장률은 더 낮아질 것으로 예상된다.

이에 따라 정치인들은 경기를 더 부양할 방법을 찾고자 할 것이다. 여기에 아주 잘 들어맞는 주제가 기후변화에 대응하는 정책이다. 코로나19 위기가 찾아오기 전부터 유럽중앙은행은 기후변화 대응에 좀 더 '적극적'인 역할을 맡고자 준비를 하고 있었으며, 이는 EU 집행위원회가 발표한 '그린 딜'에 자금을 제공하겠다는 의미다. 코로나19가 불러온 충격적인 경제 상황에 대응하려면 수조 유로가 필요하다는 것을 감안하면, 기후변화에 대처하는 데 필요한 수십억 유로는 적은 금액으로 보일 지경이다.

유럽중앙은행이 자금을 제공하기 시작하면 인플레이션이 다시 나타날 것이나. 그렇다면 왜 지난 10년간 중앙은행의 정책은 인플레이션을 불러오지 못했을까? 기후변화에 대응하는 정책의 경우에는 유럽중앙은행이 자금을 제공할 뿐만 아니라 실질 경제에서 실제로 추가 수요가 나타나는데, 이 점이 과거 정책과 다른 효과를 나타내는 결정적인 이유다.

- 화석 연료 사용을 중단하면 기업과 개인이 소유한 기존 자산이 평가절하된다. 정유회사, 자동차 제조업체, 자동차 운전자, 석유 난방 이용자, 관련 부동산 소

유자 등 모두의 자산이 크게 줄어든다. 경제적 관점에서 이산화탄소 배출을 처벌하는 정책으로 인해 이산화탄소를 발생시키는 자산의 가치는 줄어든다.

- 그러고 나면 새로운 투자가 필요해진다. 주유소 대신 충전소를 세워야 하고, 내연 기관 대신 전기차가, 석유 난방 대신 열펌프와 태양열 난방 기구가 필요하다. 이러한 목록은 계속 만들 수 있다.

- 정부는 이러한 필요성에 대응하기 위해 직접 투자하거나 신기술에 보조금을 지급하거나 연구비를 지원하는 등 적절한 자금을 제공할 수 있다. 경제 구조는 엄청나게 변하게 되고, 여기에 드는 비용은 수조 유로에 달할 것이다. 탄소중립국이 되려면 독일에서만 1조5000억에서 2조3000억 유로가 들 것으로 예상하는데, 이는 모든 투자가 효율적으로 이루어졌다는 가정 하에서 산출한 금액이다.[15]

경제에 추가 수요가 발생하지만, 인구구조의 변화로 인해 구조적인 공급 부족 현상이 나타날 것이다. 그러므로 물가상승률이 높아질 것이라는 예상도 쉽게 떨쳐버릴 수 없다. 제2차 세계대전이 끝났을 때와 마찬가지로 중앙은행은 금리를 가능한 한 오래, 가능한 최저 수준으로 유지할 것이다. 앞서 7장에서 설명했던 '금융억압'을 이루기 위해서다. 이렇게 함으로써 부채 금액의 가치를 평가절하해야 한다.

새로운 규칙으로
다시 시작하기

|||||||||||||||||||||||||||||||||||||

우리는 새로운 시대를 맞이하고 있다. 지금까지 수십 년 동안 인플레이션이 하락했고, 수년 동안 금리가 낮아지고 부채가 늘어났다. 이제 코로나19로 인해 대규모 정부 부채가 화폐화되고 궁극적으로는 인플레이션을 초래할 것이라고 모두가 예상하고 있다.

2020년 1월에 발간된 보고서에 따르면, 세계 금리는 몇 년 안에 마이너스가 될 것으로 예상된다.[16] 이 보고서는 추세를 기반으로 추론하려는 사람들의 경향을 보여준다. 지난 700년 동안의 금리 변화를 분석한 연구가 이 보고서의 바탕이 되었다. 연구를 진행한 하버드대학 연구원 폴 슈멜징Paul Schmelzing은 지난 500년 동안 실질 금리는 계속 떨어져왔다고 말했다.

하지만 그가 발견한 또 다른 내용은 언론에서 자주 다루지는 않았지만, 수백 년이 지나는 동안 금리 추세에 갑작스러운 변동이 있었다는 것이다. 평균적으로 금리는 24개월 이내에 평균 3.1%p 증가했다. 하지만 금리가 6%p 이상 증가한 때도 두 번 있었다.[17] 예를 들어 2%였던 금리가 8%가 되는 식이다. 금리가 갑자기 오르는 경우는 30년전쟁이나, 제2차 세계대전, 그리고 흑사병 같은 지정학적 사건이나 재난이 닥쳤을 때였다.

그렇다면 이번 코로나19 때문에도 금리가 오를까? 하지만 분명히 해두어야 할 사항이 있다. 금리가 상승한다 하더라도 그건 명목 금리에 불과할 것이라는 점이다. 실질 금리는 반드시 낮을 수준을 유지해야 하며, 앞으로도 오랫동안 그럴 것이다.

제9장

모두를

위한

코로노믹스

우리는 새로운 세상을 맞이했다. 불과 몇 달 전까지 생각할 수 없었던 경제정책 수단이 시행되었거나 곧 시행될 예정이다. 역사적 규모의 세계 경제위기에 맞서기 위해 사람들은 이전의 원칙을 버리고 있다. 앞에서 코로나19가 나타나기 전부터 경제는 이미 심각한 상태였고, 세계는 어떤 식으로든 부채를 화폐화하려 했다는 점을 알아보았다. 이제 코로나19가 촉매가 되어 각국 정부는 중앙은행의 직접금융을 완벽하게 합리화할 수 있게 되었다. 모든 일이 예상보다 훨씬 빠르게 일어나고 있다. 이는 경제정책을 시행하는 데 엄청난 기회이기도 하다. 지난 세월 동안 쌓인 경제문제를 해결하는 계기가 될 수 있기 때문이다.

넘쳐나는
부채 문제의 해결

에마뉘엘 마크롱Emanuel Macron 프랑스 대통령은 영국 〈파이낸셜 타임스〉와의 인터뷰에서 미래에 대해 기대하는 바를 다음과 같이 이야기했다.

"그건 분명한 일이죠. 사람들이 '도대체 유럽연합이 한다는 대단한 일이 뭐지?'라고 말할 것이기 때문입니다. 위기에서 보호해주지 않고, 위기가 불러온 여파도 해결해주지 않고, 아무런 연대도 보이지 않죠…. 난민들이 입국하면 받아주라고 하죠. 전염병이 돌면 알아서 해결하라고 합니다. 참, 정말 친절하기도 해요. 유럽연합은 회원국이 생산한 제품을 수출할 때만 유럽 편을 듭니다. 하지만 정작 어려움을 나눠야 할 때는 유럽 편이 아니에요…. 우리는 중대한 순간을 맞이했습니다…. 우리에게는 재정 이전과 연대가 필요합니다. 그래야만 견뎌낼 것입니다.[1]"

여기서 말하는 '연대'란 공동 차입을 통해 자금을 조달하는 금융 지원을 의미한다. 마크롱 대통령은 유럽 '긴급투자 기금'을 조성해 경제 회복에 수천억 유로를 지원해야 한다고 다시 한번 강조했다. 하지만 이미 정부의 재정 적자가 높아 추가로 차입할 여유가 많지 않은 나라에는 부담스러운 일이다.

그래서 유럽 긴급투자 기금은 경기부양 정책에 드는 비용을 유럽이 함께 부담하자는 생각이다. 여기에 숨은 뜻을 살펴보자. 코로나19 위기를 극복하는 데 필요한 비용을 위해 긴급투자 기금을 통해 1조 유로를 마련한다고 하자. 유로존 내 모든 회원국에서 이 차입을 보증하면, 이탈리아나 스페인이 국가 차원의 차입을 통해 스스로 비용을 마련할 때의 금리와 비교해 낮은 차입비용으로 자금 마련이 가능하다. 그래도 유럽중앙은행이 개입하기 때문에 독일과 비교한 금리 차('스프레드')는 상대적으로 낮다. 그러므로 아낄 수 있는 이자는 1%p 범위 안에 있다고 말하는 편이 현실적이다. 1%p라면 연간 100억 유로를 아끼는 셈이다. 전체적인 비용 규모를 생각하면 그리 큰 금액은 아니다.

금리보다 더 중요한 것은 각국의 경제 규모에 따라 상환금을 정해야 한다는 점이다. 즉, 어느 나라의 GDP가 클수록 상환금에서 차지하는 비중도 커야 한다는 뜻이다. 코로나19 위기가 발생하기 전 각국이 부담해야 할 비례 지분은 다음과 같다(어림값).[2]

- **독일: 29.2%**
- **프랑스: 20.5%**
- **이탈리아: 15.4%**
- **스페인: 10.4%**
- **네덜란드: 6.6%**
- **벨기에: 4.0%**

- 오스트리아: 3.3%

- 소규모 나라들: 10.6%

각 나라가 부담해야 할 지분에 따라 상환한다고 가정하면, 독일은 기금을 사용하지 않아도 연대채무로 2920억 유로를 상환해야 한다. 간단히 이야기하면 이는 독일 납세자와 이탈리아·스페인·프랑스 납세자 사이의 부의 재분배인 셈이다. 이탈리아의 경우, 추가 차입을 하기에는 이미 국가부채 수준이 매우 높으므로 이 기금을 통해 추가 차입을 받는다면(현실적으로 이탈리아에는 필요한 일이다) 이탈리아가 부담해야 할 15.4%의 상환금이 다른 나라에 재분배되어야 한다.

그러니 독일과 네덜란드 정치인들이 이러한 국가 간 부의 재분배 정책에 회의적인 반응을 보이는 것도 당연하다. 특히 민간 자산도 크게 차이가 나는 상황에서 말이다. 앞서 7장에서 확인했던 것처럼 이탈리아·스페인·프랑스 가구는 독일 가구보다 자산을 훨씬 많이 가지고 있다. 여기에는 많은 이유가 있다. 독일은 전쟁에서 두 번 패배했고, 나라가 분단되었으며, 세금부담도 크고, 자가주택 소유비율도 낮은 데다 독일 국민은 예금과 같은 '무위험 자산'을 선호한다. 그러니 이탈리아·스페인·프랑스를 비롯한 대부분 나라에서 일회성으로 20%의 부유세를 부과하는 편이 국가부채를 줄이는 쉬운 방법이 될 것이다.

이렇게 국가 간 부의 이전이 일어나는 것을 비판해야 할 이유는 또 있다. 유럽연합 회원국 사이에는 은퇴 나이와 연금 수준에 큰 차이가 있다. 과세 방식도 크게 다르다. 예를 들어, 할아버지로부터 1000만 유로를 상속받는다면 독일에서는 상속세로 225만 유로를 내야 하지만, 이탈리아에서는 36만 유로만 내면 된다.

분명한 것은 유로존 내에서 회원국 간에 너무 불공평하지 않으면서 높은 국가부채를 줄일 방법이 필요하다는 점이다. 이것은 이룰 수 있는 목표라고 생각한다. 앞에서 이야기했던 것처럼 각국 중앙은행에서는 이제 상당한 규모로 화폐화 정책을 시행하려 한다. 유로존에서도 마찬가지일 것이다. 유럽은 이 정책을, 상황을 '초기화'시킬 방법으로 이용할 수도 있다. 어림으로 계산해보자.

〈그림 13〉에 나타난 숫자를 보면 각국의 부채 양이 위태로운 수준임을 분명히 알 수 있다. 코로나19가 발생하기 전부터 여러 나라가 많은 부채를 안고 있었다. 금리가 낮은 덕분에 금리가 높을 때보다는 상황이 나았다. 그래도 시장과 투자자, 기업과 가계는 불안을 느꼈다. 부채 부담이 앞으로 어떻게 나누어질지 불확실하기 때문이다. 게다가 여기에는 연금과 건강보험 등 앞으로 펼쳐질 고령화 사회에 필요하나 아직 마련되지 않은 비용은 포함되지 않았다. 사실 이 비용도 상당히 클 것이다. 독일의 경우 GDP의 약 100% 정도일 것으로 예상한다.[3]

〈그림 13〉의 두 번째 칸은 코로나19에 대응하기 위해 치러야

할 비용이 GDP의 30%에 해당한다고 가정했을 때의 부채 수준을 나타내며, 가치는 현재 독일을 기준으로 추정한 것이다. 이 경우 유럽 국가의 공식 정부 부채는 100%에서 223%로 늘어난다.

그림 13. 정부 부채와 화폐화 수량

GDP 대비 정부 부채 %

	코로나19 위기 이전 (2019)	코로나19 위기 이후 (전체 + 30%)	화폐화 이후 (전체 75%)
그리스	193%	223%	148%
이탈리아	147%	177%	102%
포르투갈	138%	168%	93%
프랑스	122%	152%	77%
벨기에	118%	148%	73%
스페인	115%	145%	70%
오스트리아	90%	120%	45%
아일랜드	75%	105%	30%
독일	70%	100%	25%
핀란드	69%	99%	24%
네덜란드	66%	96%	21%
스웨덴	59%	89%	14%
일본	239%	269%	194%
미국	136%	166%	91%
영국	117%	147%	72%

출처: 경제협력개발기구(OECD) > https://data.oecd.org/gga/general-government-debt.htm

그렇지만 그리스의 부채 수준은 의미가 없다. 그리스 부채 가운데 많은 부분은 이미 유로존 국가에서 그리스에게 유리한 조건으로 빌려준 것이기 때문이다. 그래서 코로나19에 따른 진짜 그리스 부채의 수준은 〈그림 13〉에 나타난 것보다 훨씬 낮다.[4]

유로존 입장에서는 GDP 대비 부채 비중이 177%인 이탈리아와 152%인 프랑스가 더 걱정이다. 스페인·포르투갈·벨기에와 더불어 이탈리아·프랑스가 채무 분담에 적극적인 것도 당연하다.

독일은 이러한 채무 분담 요청을 거부하거나 조용히 받아들이는 대신 적극적으로 참여해야 한다. 현재 어려움을 겪고 있는 나라뿐 아니라 유럽연합 회원국 모두 국가 채무의 화폐화가 이루어져야 한다. 〈그림 13〉에서 세 번째 칸은 모든 나라가 GDP의 75% 범위에서 현재 채무를 화폐화할 것으로 가정한 것이다. 코로나19 위기가 찾아오기 전의 GDP가 계산의 기준이 된다. 그래야 코로나19로 인한 피해가 특히 심각했던 나라에 불리하지 않다. 2018년 유로존의 GDP는 11조6000억 유로였다. 이 GDP의 75%는 약 8조7000억 유로다. 믿기 어려울 정도의 큰 금액이다.

비록 화폐화해야 할 채무 금액이 아주 크지만 제2차 세계대전 동안, 그리고 전후에 화폐화한 금액보다는 적다. 다음과 같이 정리해보자.

- **유로존 국가에서 공동 부채상환기금을 만든다. 이를 '더 나은 미래를 위한 유**

럽 연대기금'이라고 부를 수 있다.

- 각 나라에서 GDP의 75%에 해당하는 부채를 이 기금으로 이전한다. 실질적으로는 부채상환기금에서 각 나라 부채의 상환을 맡는다는 의미다. 개인 채권자에게도 아무 문제는 없다. 연대채무가 되어 신용위험이 줄어들기 때문이다.

- 결국, 이러한 정부 부채는 있어도 상관없다. 전부 유럽중앙은행이 매입하기 때문이다. 유럽중앙은행은 이미 2조5000억가량의 국채를 매입했고, 6조 2000억의 국채를 추가로 매입할 것이다.

- 이 작업을 해나가는 데는 시간이 걸린다. 국채 만기가 돌아올 때마다 새로운 채권을 발행하여 상환금을 조달한다. 유럽중앙은행은 부채상환기금에서 발행한 채권을 매입한다. 또한 증권매입 정책도 계획대로 계속 시행된다.

- 유럽중앙은행이 부채상환기금에 채권 지급 청구 시기를 100년 이상 뒤로 연장하고, 이자는 없다. 이는 상호이해 아래 진행된다. 그래서 유럽중앙은행은 절대 부채상환을 요구하지 않는다.

- 유럽중앙은행이 공식적으로 부채를 탕감해주는 방법도 있다. 경제학자들은 수년 동안 이 방법을 논의했다.[5]

- 개별 국가의 국가 채무 비율을 계산할 때는 부채상환기금에서 맡은 부채를 포함시키지 않는다.

유럽중앙은행 법규상 정부의 직접금융은 허용되지 않으므로, 이전에 그랬던 것처럼 시중은행을 경유하는 방법을 택할 것이다. 구체적으로 이야기하면, 부채상환기금은 민간 은행에서 매입하여 바로 유럽중앙은행에 재융자refinancing를 신청할 수 있는 채권을 발행할 수 있다.

채무 금액과 상환 과정을 생각하면 강력한 반대가 있을 것으로 예상된다.[6] 특히 독일의 경제학자들이 크게 반발할 것이다. 이들의 비판도 이해하지만, 나는 현실주의자다. 결국 전 세계에서 이 길을 택할 것이다. 우리는 전시에 버금가는 피해 상황에 직면해 있고, 여기에 대처할 재정은 전혀 갖추지 못했기 때문이다.

국가 채무 수준과 상관없이 모든 나라에서 참여해야 공정하다. 그래야만 독일과 네덜란드 같은 나라들이 지금까지 긴축해온 부분에 대한 보상을 받을 수 있기 때문이다. 한 예로 독일의 긴축은 사회기반시설, 방위비, 디지털화에 충분히 투자하지 않는 방식이었다. 어느 정도는 미래를 희생한 것이다. 또한 독일은 긴축정책으로 국민이 세금을 많이 부담해야 했다. 독일 가구가 다른 유로존 국가의 가구보다 자산이 적은 것은 세금 탓도 있다.

대부분 나라에서 부채 재조정을 한 번 하면 국가 채무가 지속

가능한 수준으로 낮아질 것이다. 세계 다른 나라의 중앙은행과 마찬가지로 유럽중앙은행도 민간 부문의 부채 부담을 줄이기 위해 당분간 저금리 기조를 유지한다면, GDP의 100%에 해당하는 정도의 채무는 문제가 되지 않을 것이다. 그리스와 이탈리아의 국가 채무만 이 수준보다 많을 것이다. 독일의 경우, 국가 채무는 GDP의 불과 25% 정도다.

부채상환기금을 만들자는 제안에 놀라는 사람들이 많을 것이다. 높은 인플레이션이 걱정되고, 국가 채무 문제를 연대채무 방식으로 해결하는 것은 부적절하다고 여기기 때문이다. 그러므로 다음의 내용을 한 번 더 강조하고 싶다.

- 정부 부채를 화폐화하는 작업은 역사상 정기적으로 있었던 일이다. 특히, 경제 위기와 전쟁을 겪고 난 뒤에 부채를 화폐화하곤 했다.

- 코로나19 위기 전부터 국가 채무 부담은 이미 아주 컸으며, 연대채무 방식 외에 국가 채무 부담을 줄일 수 있는 다른 방법을 찾기가 어렵다.

- 채무 부담을 나눠 가지는 모든 나라가, 부채 화폐화를 통해 혜택을 얻을 수 있는 방향으로 정책이 구성되어야 한다. 그렇기 때문에 모든 나라에서 코로나19 위기 이전의 GDP 대비 부채 비율을 일관적인 기준으로 사용하는 게 중요하다.

- 각 나라가 지닌 부채에 대해 전부 연대 책임을 지는 대신 미리 사회화할 부채 금액의 한도를 정하는 편이 좋다. 유럽연합 내 회원국마다 과세 방식이나 사회적 기준이 크게 다르기 때문이다.

- 부채의 화폐화를 일회성으로 진행하면 인플레이션을 유발하지 않는다. 일회성으로 발생한 디플레이션 충격에 대응하는 방법이기 때문이다. 인플레이션 위험은 부채의 화폐화가 경제 체제 안에 영구히 자리 잡을 때 발생한다.

독일이 부채의 화폐화 정책을 주도한다면 유럽연합과 유로존의 안정에 이바지하는 일일 뿐 아니라 이웃 나라들과 서로 지지를 강화할 수 있다. 화폐화 정책을 끝까지 막는 것은 가능하지 않은 일인 데다 유로화와 유럽연합의 붕괴를 불러와, 결과적으로 모두에게 엄청난 경제적 손해를 끼칠 위험이 있다.

연대의
확대

다 함께 부채를 줄이는 것만으로는 위기 대응에 충분하지 않을 수 있다. 코로나19 위기가 불러온 결과에 대응하기 위해 추가적인 수단을 동원해 위험을 완충하고 싶다면, GDP 대비 60%

의 채무를 목표로 정할 수 있다. 이 비율은 유로화가 처음 도입되었을 때 정해진 기준이다. 이 기준을 따르면 이탈리아의 부채는 GDP의 40%에 해당하고(약 7000억 유로), 프랑스는 17%(4000억 유로), 스페인은 10%(1200억 유로), 포르투갈은 33%(600억 유로)가 된다.

프랑스와 스페인은 이 정도 규모의 부채를 감당할 수 있겠지만, 이탈리아와 포르투갈이 그럴 수 있을지는 미지수다. 포르투갈은 기업과 가계 부채도 높은 수준이다. 이탈리아 역시 코로나19 충격 이후 민간 가구에 세금을 더 많이 부과하는 방식만으로는 당연히 재정 적자를 줄이기 어려울 것이다.

독일은 이들을 도울 능력이 있을 뿐 아니라 하나의 유럽 정신으로 도와야만 한다. 이것이 바로 수년간 경제학자들 사이에 논쟁을 불러왔던 유로존 내 지급결제 시스템 '타겟TARGET-2'가 작동해야 할 대목이다. 한쪽에서는 부채의 화폐화가 일회성 부채 청산 방법에 지나지 않는다고 이야기하지만, 다른 한쪽에서는 독일과 네덜란드가 주로 이탈리아·스페인·포르투갈에 상환 부담이 없는 무이자 대출을 해주는 셈이라고 한다. 나는 이 부채는 독일의 자산이라 생각한다. 분데스방크가 타겟-2를 통해 들어오는 청구 금액을 공식적으로 독일의 해외 자산으로 분류한다는 사실이 나의 생각을 뒷받침하고 있다.[7]

2020년 1월 분데스방크는 8100억 유로의 청구액을 보고했다.

주요 채무국은 스페인(3900억 유로), 이탈리아(3830억 유로), 포르투갈(750억 유로)이었다.[8] 이 8100억 유로는 독일 GDP의 약 25%에 달하는 금액으로, 독일의 수출 흑자와 남유럽 국가의 자본 도피capital flight로 인한 결과다.

타겟-2를 통해 상환받아야 할 금액이 줄어들려면 독일(정부·기업·가계)이 채무국으로부터 재화와 용역을 더 많이 수입하거나 채무국에 투자를 해야 하지만, 현실적이지 않은 방법이다. 한편, 코로나19 사태, 그리고 나라별로 국가경쟁력에 차이가 있다는 점을 생각하면 타겟-2를 통해 독일이 상환받아야 할 금액은 앞으로 더 늘어날 가능성이 크다. 2020년 3월에 벌써 1000억 유로 이상 크게 늘어 9350억 유로가 되었는데, 아마 유로존의 미래에 대한 두려움이 다시 엄습하면서 이탈리아 및 기타 국가에서 자본 도피가 많아진 것이 주된 이유일 것이다.

만일 회원국 내 긴장이 고조되어 유로존의 붕괴로 이어진다면 (코로나19가 불러온 충격을 생각하면 유로존이 붕괴할 가능성이 한층 커졌다), 독일은 이 부채를 탕감해야 할 것이다. 공식적으로는 유럽중앙은행에게 법적 책임이 있지만, 유로존이 부분적으로라도 붕괴하면 독일은 스스로 감당할 수밖에 없을 것이며, 그러면 이 미수금은 돌려받지 못한 채 잃게 된다.

그러므로 독일은 유로존 내 다른 나라를 지원하기 위해 타겟-2 미수금을 동원해야 한다. 이를 위해 독일 정부가 '유럽 연대를 위한 독일 기금'을 출범시켜야 한다. 은행과 보험회사에서 이 기금을 조직하고, 독일 정부가 보증하는 채권을 발행한다. 이렇게 하면 독일 정부의 공식 부채 금액에 포함되지 않는다. 유럽 연대 기금과 비슷하게 독일 기금에서 발행한 채권은 분데스방크가 민간으로부터 매입한다.

독일 기금은 이탈리아나 다른 나라에 직접 투자나 대출의 방식으로 돈을 보낼 수 있다. 심지어 선물로 돈을 줄 수도 있다. 이탈리아·스페인·포르투갈로 자금이 흘러 들어가면 타겟-2에서 청구하는 금액이 줄어들고, 그러면 분데스방크의 대차대조표가 다시 줄어든다. 결국, 타겟-2 대신 독일 기금에 상환을 청구하게 된다. 유로존의 유럽 연대기금과 마찬가지로 독일 기금도 무이자 장기대출을 진행할 것이다.

이 방법을 이용해서 독일이 얻을 수 있는 장점은 분명하다. 독일이 현재 가치 있다고 여겨지지 않는 자산을 동원해 유럽 경제 회복을 지원할 수 있다는 점이다.

물론 평범하지 않은 정책 수단이기는 하다. 하지만 유로존 내 다른 나라에서 이미 이 방법을 사용하고 있다. 유럽재정위기와 금융위기를 거치면서 아일랜드는 수십억의 유로를 가지고 자국의 은행들을 구했는데, 그것은 아일랜드 중앙은행에서 구제 기금을 통해 긴급대출을 지원한 덕분이었다. 이러한 '긴급유동성 지원 emergency lending assistant, ELA'은 유로존 내 회원국 중앙은행의 공식 정책

수단으로, 아일랜드 정부가 대출을 보증했다. 몇 년 뒤 은행 구제 기금은 파산했고, 아일랜드 정부는 중앙은행에 대출 손실금을 보상해주어야 했다. 이를 위해 아일랜드 정부는 장기 국채를 발행했고, 이때 발행한 채권 가운데 일부는 몇 년 동안 원금과 이자를 상환하지 않아도 되는 방식이었다. 그리고 중앙은행에서 다시 이 채권을 매입했다.

〈파이낸셜 타임스〉는 이를 전형적인 부채의 화폐화 사례로 꼽았다.[9] 아일랜드와 국가 규모를 비교했을 때 독일이 감당해야 할 부채 금액은 당시 아일랜드 정부가 부담해야 했던 금액과 얼추 비슷한 수준이다. 아일랜드와 차이가 있다면 아일랜드 정부는 당시 비교적 비밀스럽게 화폐화를 진행했고, 이를 알아차린 언론은 많지 않았다는 점이다.

스페인도 은행 긴급구제 기금을 이용해 비슷한 정책을 펼쳤다. 민간 기관에서 기금을 만들었지만, 스페인 중앙은행이 화폐를 새로 발행하여 비용을 전액 조달하는 방식이었다.

부채의 화폐화를 통해 지난 10년간 쌓인 불균형을 바로잡을 수 있을 뿐 아니라 타겟-2의 역할을 제한하면서 유로 체제를 개혁할 토대를 마련할 수 있다. 이는 미국 12개 연방은행이 1년에 한 번 대차를 조정해야 하는 미국식 제도를 시행함으로써 이루어질 수 있다.

경기부양
정책
||||||||||||||

코로나19로 타격을 입은 유로존 국가들이 위기에 대응하는 데 있어, 과거 부채를 청산하고 추가 자금을 동원하는 것만으로는 충분하지 않다. 경기가 회복될 수 있도록 지원하는 것도 마찬가지로 중요하다. 그리고 그것은 과거의 경기부양 노력과 다른 방식으로 이루어져야 한다. 우리가 맞이한 위기가 전례 없는 특별한 사건일 뿐만 아니라, 코로나19 위기가 찾아오기 전부터 경제 상황이 썩 좋지 못했기 때문이기도 하다. 특히 유럽은 위기 이전부터 낮은 성장률, 실망스러운 혁신 수준, 잘못된 정치적 우선순위 관리 등 어느 모로 보나 앞서 언급했듯이 유럽판 '일본식 시나리오'를 향해 나아가고 있었다. 다만, 일본보다 상황이 더 심각할 뿐이었다.

하지만 지난 세월 그랬던 것처럼 우선순위를 잘못 선정할 위험은 여전히 존재한다. 벌써 대중적 인기에 영합하는 정치 과제를 실시하라는 목소리가 커지고 있다. 그런 정책이 미래의 성공에 긍정적인 효과가 있을지 보장할 수 없는데도 말이다. 이러한 관점은 〈파이낸셜 타임스〉가 최근 에마뉘엘 마크롱 프랑스 대통령을 인터뷰한 기사에 잘 요약되어 있다.

"코로나19는 우리에게 자본주의를 인간화시킬 기회를 주는 것일지 모른다. 마크롱 대통령의 관점에서 이 기회 속에는 '고도로 금융화된' 세상에 종지부를 찍고, 온난화로 황폐해진 지구를 구하기 위한 엄청난 노력을 들이는 일이 포함되어 있다. 그리고 전기자동차 배터리나 현재 유럽연합이 중국에 과잉의존하고 있는 의료장비 및 의약과 같은 산업 분야를 대상으로 자국의 투자를 늘려 프랑스와 유럽의 '경제 주권'을 강화하는 일도 포함된다.[10]"

좋은 이야기처럼 들린다. 특히 투기와 차입에서 벗어나자는 이야기는 더욱 그렇다. 하지만 2000년 이후 유럽의 노력을 돌아보면 비판적인 시각을 가질 수밖에 없다. 게다가 금융위기와 유럽재정위기가 지난 후 10년 동안 유럽의 상황은 그리 좋지 않았다. 금융 체제의 규모를 줄이고, 레버리지 투자를 일으키는 유인책들을 줄여 금융 부문을 안정화시켜야 했지만, 정치인들은 움직이지 않았다. 문제를 뒤로 미루기만 했다. 그런데 지금이라고 정치인들이 달라져야 할 이유가 있을까?

하지만 여전히 정치인들이 이제는 적절한 행동에 나서줄 것을 바라야 한다. 다시 말해, 경제의 잠재성장률을 높여 지속적인 성공을 가져올 수 있는 사업에 비용을 투자해야 한다는 것이다. 인구구조 변화를 생각하면, 앞으로 무엇보다 1인당 GDP를 늘리는 데 힘써야 한다. 그래야만 경제적 부담을 극복할 수 있다.

단기적으로는 경기 침체 이후 경제를 빨리 회복하는 일이 우선이다. 과거의 경기 침체, 특히 금융위기 때와는 달리 중소기업을 부양하는 데 초점을 맞추어야 한다. 특히 대기업이 아니라 소매업과 환대산업hospitality이 살아나야 한다. 앞서 5장에서 이야기했던 것처럼 나는 정해진 기간 안에 사용해야 하는 소비자 상품권 지급에 적극 찬성한다. 지급 결정이 빨리 내려졌다면 정부에서 이미 지급했을 수도 있다. 상품권 금액은 1인당 500유로로 하되, 50유로짜리 상품권 10장으로 지급한다. 기업은 소비자로부터 상품권을 받아 세금을 납부할 때 사용할 수 있다.

상품권 지급의 장점은 소비를 촉진한다는 것이다. 상품권은 정해진 기간 내에 사용하지 않아 기한이 만료되면 가치가 사라진다. 상품권 대신 국민에게 직접 현금을 지급할 수도 있지만, 이 경우 사람들이 받은 돈을 쓰지 않고 저축할 위험이 있다. 이 정책을 펴면 사회 정의에 관한 논쟁이 금방 치열해질 것이므로, 특정 수준 이상의 소득이 있는 사람에게는 상품권 금액을 2020년 납세 대상 소득에 일괄 합산한다. 그러므로 요식 행위 없이 상품권을 즉시 지급하면, 사람들은 가능한 빠른 기간 안에 상품권을 사용하려고 할 것이고, 사회적 정의 문제에도 대처할 수 있게 된다.

기업을 회복시키는 일은 단기간에 소비를 북돋우는 것만큼이나 중요하다. 정부가 기업을 지원할 때 자칫 대출과 국영화 쪽을 선택하면, 우리는 대출을 탕감해줄 수밖에 없다. 마리오 드라기 전 유럽중앙은행 총재는 최근까지 유럽중앙은행을 지휘했고, '무슨 수를 써서라도' 유로를 지키겠다는 말을 남겼다. 그는 이미 지난 3월에 이 문제에 대한 자신의 의견을 표명했다. 〈파이낸셜 타임스)의 기고문에서 그는 채무자의 신용위험을 고려하지 말고 은행은 모든 사람에게 돈을 빌려주어야 한다고 썼다. 즉, 위험도에 따라 대출에 차별화를 두지 말라는 것이다. 또한 은행에 대한 자본규제를 중지해야 한다고 주장했다. 은행의 자본을 규제한다는 것은 기본적으로 이미 낮은 금융 부문의 지급 능력을 더욱 낮추는 일이기 때문이다(지급 능력이라는 게 있다면 말이다).

그러나 마리오 드라기 전 총재가 쓴 글의 내용 가운데 더 중요한 부분은 다음과 같다. "민간 부문에서 발생하는 소득 손실과 이를 보충하기 위해 발생한 부채는 전체 금액이든 부분적으로든 언젠가 반드시 정부의 대차대조표에 흡수되어야 하고" 그래서 "높은 국가 채무 수준이 우리 경제의 영구한 특징이 될 것이며, 개인 부채는 탕감될 것이다."[11]

그 점에서는 마리오 드라기 전 총재의 말이 옳다. 어쨌든 대출 lending은 틀린 방식이었다. 기업가라면 가능한 신용 부담을 낮추기 위해 무슨 일이든 할 것이기 때문이다. 많은 기업들에게는 소액의 대출조차도 지속하기가 힘들다. 적은 자기자본과 유동성을 바탕으로 운영되기 때문이다. 경제 충격을 받은 뒤 기업이 대출금 상환에 집중해야 하면 투자, 혁신, 사업 확대에 쓸 여력이 없을 것이다. 그래서 비용을 지출해야 할 때 지출하지 않으려 한다. 그러면 경기 회복이 늦어진다.

채무 면제는 빠르고 효율적으로 실시되어야 한다. 그리고 무엇보다 면제의 기준이 명확해야 한다. 그래야만 기업이 안심하고 사업 계획을 세울 수 있다. 불확실성은 현실적인 경제적 부담만큼이나 경제 전체에 어려움을 준다.

일부 국가에서는 이미 대량의 국가 소유 지분과 부채를 관리할 신탁 기관 설립에 대해 논의하고 있지만, 나는 민간 부문의 부채를 투명한 기준으로 빠르게 탕감할 것을 제안한다. 앞서 4장에서 제시했던 원칙을 따르면 된다.

이번 위기는 기업의 잘못으로 발생한 게 아니므로 정부에서 부채를 탕감하는 것이 공정한 방법일 것이다. 금융위기 당시에는 은행을 대규모로 국유화하고, 주주들이 손실분을 감수하는 방법이 옳았다. 그들이 위기를 발생시킨 장본인이었기 때문이다. 하지만 코로나19는 외부에서 발생한 충격이며, 과거와 아주 다른 방식으로 기업에 피해를 주고 있다. 물론 위기가 발생하기 전에 이미 자기자본이 충분하지 않은 상태에서 경영을 해왔다든지 하는 등의 개별적인 사정과 이유는 있을 것이다. 하지만 위기가 발생한 지금, 이들을 차별해서 대우하는 건 어렵기도 하고 불가능한 일이며, 요식 행위 없이 발 빠르게 정책을 펼쳐야 할 때 방해가 될 뿐이다. 완벽하게 공정한 방법은 없다는 점을 받아들여야 한다.

결론적으로 단기간에 경기를 부양하려면 소비자 상품권이나 혹은 대안으로 지원금을 직접 지급하고, 생존을 위해 정부 도움이 필요한 기업은 빨리 채무를 면제해주어야 한다.

경제
재시동
||||||||||||||||||||||

유럽 경제는 단기적 안정화로는 부족하다. 6장에서 살펴보았던 것처럼 유럽연합은 미래를 위해 적합한 조직이 아니다. 이제 유럽은 방향을 바꿀 기회를 얻었다. 코로나19 덕분에 유럽이 방향을 바꾸는 데 사회적 합의를 더 쉽게 얻을 수 있게 되었고, 동시에 정부 부채를 재조정하는 것도 경기를 부양한다는 측면에서 도움이 된다.

경제성장과 그에 따른 번영은 본질적으로 두 가지 요소에 달려 있다.

- 노동력 증가
- 생산성 즉, 고용인구당 GDP 향상

현재 프랑스만 눈에 띄는 예외일 뿐, 유럽연합 대부분 나라에서 인구구조 변화로 인해 노동력이 줄어들기 시작했음을 모두가 이미 알고 있다.

유로존의 관점에서 볼 때, 독일의 발전은 특히 중요하다. 독일 경제가 유럽연합 GDP의 거의 30%를 차지하기 때문이다. 유럽 연대에 기반을 둔 경제 회복 노력과 이를 위한 독일의 기여분은,

모두 독일이 계속 경제 강대국일 것이라는 가정을 바탕으로 한다. 하지만 계속 그럴지는 확실하지 않다. 독일 통계청에 따르면, 독일의 노동 인구(20~66세)는 현재 5180만 명에서 앞으로 어떤 이민자 정책을 펴는지에 따라 2050년에는 4770만 명이나 4320만 명으로 줄어들 것이라고 한다. 2030년에는 독일의 노동 인구가 260만~350만 명 줄어들 것이다. 이러한 인구 변화는 엄청난 결과를 불러온다. 베텔스만 재단의 의뢰로 오스트리아의 빈경제조사연구소Austrian Institute for Economic Research Vienna, Wifo가 계산한 바에 따르면, 독일의 1인당 소득이 2040년까지 약 3700유로 줄어들 것이다. 전반적으로 독일 GDP는 인구 수준을 일정하게 유지했을 때보다 2740억 유로 줄어들고, 시간이 더 흐르면 그 격차는 더욱 커질 것이다.[12] 크고 작은 차이는 있겠지만, 유럽연합 내 다른 회원국에서도 같은 일이 발생할 것이다.

이러한 어려움에 맞서려면 유럽연합은 노동력 감소를 늦추고, 생산성을 늘릴 정책을 실시해야 한다. 코로나19로 인한 경제 충격이 없었더라도 필요한 일이었다. 하지만 코로나19로 인한 위기 때문에 이러한 정책의 필요성과 시기는 한층 더 커지고 시급해졌다.

노동력 감소를 막을 방법은 잘 알려져 있지만, 유권자들이 썩 좋아할 만한 것은 아니다.

- **이민자 비율을 높인다: 노동력 성장에 관한 시뮬레이션에는 순이민자가 어느

정도 늘어나야 한다는 점이 포함되어 있다. 예를 들어 독일에서 순이민자를 20만 명으로 예측하려면, 총이민자 기준으로는 50만 명이 되어야 한다. 국민의 반대가 점점 커지는 상황을 고려하면 이민자 비율을 높게 늘리는 것은 선택하기 쉽지 않은 방법이다. 게다가 일반적으로 간과하기 쉬운 요소도 고려해야 한다. 사회에 도움이 되려면, 이민자의 수가 늘어나는 것뿐만 아니라 이민자가 충분한 자격을 갖춘 사람들이어야 한다는 점이다. 그래서 그들이 기존에 살고 있는 국민의 평균 소득 정도를 벌 수 있는 사람이어야 경제 발전에 도움이 된다. 이런 측면에서 볼 때, 독일이나 유럽 대부분 나라로 유입되는 이민은 실패로 보아야 한다.

- **정년을 늘린다**: 궁극적으로는 연금 보험의 납입 기간과 연금 수령 기간 사이에 일정한 관계를 설정하는 방법이 타당하다. 가장 쉬운 방법은 은퇴 나이에 기대 수명을 반영해 기간을 자동 조정하는 방식이다. 그러면 모든 세대에서, 그들이 연금을 받을 자격이 있는 기간 동안 연금을 받을 수 있다. 독일을 예로 들어보자. 1950년대에는 은퇴 후의 1년을 위해 거의 3.5년 동안 연금을 내야 했다. 하지만 현재는 그 기간이 줄어 2년 조금 넘게 내면 된다. 아무런 조처를 하지 않으면 2030년에는 2년 이하로 줄어들 것이다. 꼭 수학자가 아니어도 이런 방식이 계속 작동하지 않으리라는 것은 짐작할 수 있다. 기대 수명 요소를 반영하여 계산해보면 연금보험의 지속가능성 격차는 37.9%p, 약 1조2821억 유로만큼 줄어든다.[13]

이것은 수명이 늘어나는 상황에서 공정할 뿐만 아니라 당연한 방법이다. 2015년 독일에서 태어난 남자아이의 평균 기대 수명은 78.4세, 여자아이의 평균 기대 수명은 83.4세였다. 독일인의 평균 기대 수명은 빠르게 늘어나 1870년대와 비교하면 2배 이상 늘었다.[14] 60세 남성의 기대 수명은 22년, 70세 남성의 기대 수명은 14년이 늘었다. 여성의 경우에는 이보다 더 길다. 60세 여성의 기대 수명은 25년, 70세 여성은 17년이다.[15] 이것은 건강하게 지낼 수만 있다면 수명이 길어지는 것은 문제 되지 않음을 보여준다.

일본에서는 이미 이 사실을 깨닫고, 건강한 노년을 보내는 방향으로 나아가고 있다. 2013년과 2016년 사이, 일본 남성의 기대 수명이 9개월 늘어나는 동안 건강하게 지낼 수 있는 예상 기간도 1년 늘어났다. 하지만 유럽에서는 기대 수명 증가가 지지부진하다. 흡연자 감소의 효과가 이미 숫자에 반영됐기 때문이다.[16] 그렇다고 기대 수명이나 노년에 건강하게 지낼 수 있는 시간을 늘리기 위해 유럽에서 할 수 있는 일이 아무것도 없다는 뜻은 아니다.

• 근무 기간을 늘릴 유인책을 제공한다: 노동자가 정년이 지나도 노동 시장에 참가할 유인책을 제공할 수 있다. 독일에서는 65세에서 74세 사이 인구의 약 11% 정도가 계속 일하고 있다.[17] 노년층의 노동을 장려하는 정책은 분명 더 많이 나올 수 있고, 나와야만 한다. 정년 연장은 노동 인구를 늘리는 데 반박할 수 없는 효과를 내지만, 무엇보다 근로기와 은퇴기 사이를 원만하게 이어줄 좋은 방법이라는 데 초점을 맞추어 진행해야 한다. 여기에는 고령 노동자의 생산성이 줄어든다는 점을 고려하여 임금 구조 조정도 포함된다. 또한 현

대 노동 시장에 적합하도록 고령의 노동자에게 교육을 제공하는 등의 추가적인 방법도 쓸 수 있다. 나아가 기업 또한 고령의 노동자를 위한 작업 공간을 설계하고, 초기부터 이들을 위한 적절한 교육을 제공하는 등의 노력을 기울여야 한다.[18]

- 세금과 사회보험 부담을 줄인다: 많은 나라에서 노년층은 연금을 받으면서 일하거나 아니면 근무 시간을 늘리는 것을 어느 정도 선호하는 편이다. 이런 맥락에서 근로 기간을 늘리는 정책을 사람들이 선호하는 방향으로 크게 바꾸어야 한다. 특히, 저소득 노동자를 위해 세금과 사회보험 부담을 낮추어야 한다. 대신 고소득자의 세금을 늘리고, 부유세를 부과하거나 이산화탄소 배출에 세금을 매겨야 한다.

이상의 내용이 절대 완벽한 방법은 아니지만, 인구구조의 변화에 따르는 문제를 상대적으로 간단한 방법으로 해결할 수 있음을 보여준다. 위의 방법들을 사용하면 노동력 감소에 따르는 문제와 고령화 사회에 많은 비용이 드는 문제를 동시에 해결할 수 있다. 지금까지 정치인들은 이제껏 해온 방식을 계속 이어가기를 바랐고, 특히 유권자가 좋아하지 않는 결정은 피하려 애썼다. 하지만 이제 코로나19의 충격 이후, 세계 정치 무대에서 각국 정부의 지출이 계속 증가할 가능성이 커지고 있다. 이에 정치인들은 적절한 노동 유인책을 마련할 수 있고, 해야만 하는 상황이 되었다.

그림 14. 생산성 성장의 국제 비교

전년 대비 변화(%)

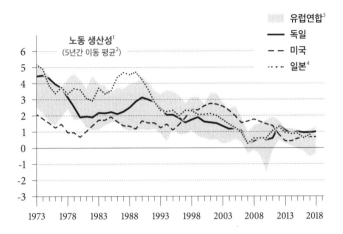

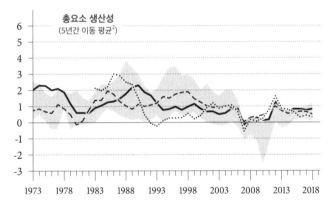

1. 고용시간당 GDP 2. 독일 자료는 독일 경제전문가 위원회의 계산, 그 외 자료는 유럽연합 집행위원회의 계산
3. 최고치와 최저치를 제외한 폭 4. 전술 기간에 해당하는 자료는 이용 불가

출처: 연방정부 전문가 위원회Council of Experts of the Federal Government, <Produktivität: Framework conditions improve>, 국가 생산성 보고서 2019(National Productivity Report 2019)
https://www.sachverstaendigenrat-wirtschaft.de/fileadmin/dateiablage/ gutachten/
jg201920/2019_Nationaler_Produktivitaetsbericht.pdf·Europäische
Kommission·Statistisches Bundesamt

그러나 중요한 것은 노동력의 규모뿐만 아니라 생산성이기도 하다. 독일 연방 경제부의 계산에 따르면, 1992년에서 2016년 사이 독일의 노동 생산성은 연평균 0.9% 상승했다. 비교 대상 국가들의 경우 1.3%가 나타나는 데 비해 현저히 낮은 수준이다.[19] 그렇지만 다른 나라의 모습도 흐름은 비슷하다.

전반적인 경제 생산성을 높일 방법은 알려져 있다. 정부와 민간에서 투자를 늘리고, 질 좋은 교육을 제공하며, 연구와 혁신을 지원하는 것이다. 그리고 앞으로 다가올 자동화와 디지털화에 대비해 관련 기술을 지원하면 된다. 특히 고령화를 위기가 아닌 엄청난 기회로 받아들여야 한다. 사항마다 따로 책을 한 권씩 쓸 수 있을 정도로 내용이 방대하다.

그러므로 우선 하나의 예로 〈그림 15〉에서 2019년 가계·기업의 민간과 정부의 투자 수준을 살펴보자.

문화가 다르고 발전 중에 있는 한국과 천연자원 덕분에 부국인 노르웨이를 제외하면 GDP 대비 25% 정도가 적절한 투자 목표로 보인다. 유럽연합 회원국은 대부분 이보다 낮은 수준이다. 이탈리아나 포르투갈 같은 일부 나라에서는 민간이나 정부 부문에서 투자가 충분하게 이루어지지 않고 있다. 독일이나 스페인에서는 공공 투자가 충분하지 않다. 네덜란드에서는 민간 투자가 비교적 적게 이루어지고 있다.

물론 민간이 얼마나 투자해야 할지 정부에서 정할 수는 없다.

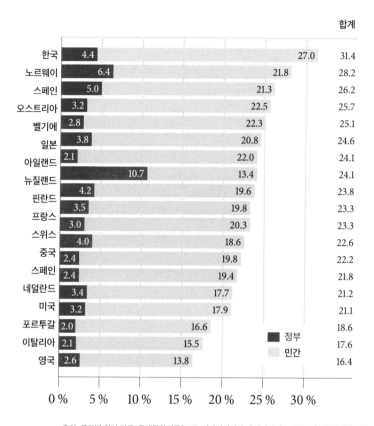

그림 15. GDP 대비 투자 %

합계

국가	정부	민간	합계
한국	4.4	27.0	31.4
노르웨이	6.4	21.8	28.2
스페인	5.0	21.3	26.2
오스트리아	3.2	22.5	25.7
벨기에	2.8	22.3	25.1
일본	3.8	20.8	24.6
아일랜드	2.1	22.0	24.1
뉴질랜드	10.7	13.4	24.1
핀란드	4.2	19.6	23.8
프랑스	3.5	19.8	23.3
스위스	3.0	20.3	23.3
중국	4.0	18.6	22.6
스페인	2.4	19.8	22.2
네덜란드	2.4	19.4	21.8
미국	3.4	17.7	21.2
포르투갈	3.2	17.9	21.1
이탈리아	2.0	16.6	18.6
영국	2.1	15.5	17.6
	2.6	13.8	16.4

정부
민간

출처: 국가별 최신 자료, 국제통화기금(IMF)·세계경제전망 데이터베이스·2020년 1월 업데이트분
(GDP 대비 총투자, https://www.imf.org/external/pubs/ft/weo/2019/02/weodata/index.aspx),
OECD·부문별 투자 (정부 비중, "https://data.oecd.org/gdp/investment-by-sector.htm#indicator-chart),
bto 계산

다만 투자 유인책이나 사업 환경을 조성하는 등 간접적인 방법을 통해 특정 지역에 기업 투자를 유치하려 노력할 수 있을 뿐이다. 하지만 공공 투자의 수준은 정치권에서 정할 수 있다.

민간 투자를 활성화하려면 조세체계를 재조정해야 한다. 투자, 연구개발 비용, 직원 교육비 등의 사용을 크게 장려해야 한다. 이 모든 방법을 써서 전반적인 비용 부담을 줄여나가야 세계 무대에서 매력적인 사업 환경을 지닌 장소로 주목받을 수 있다.

기후변화에 대응하는 (공공) 투자는 반드시 이루어져야 한다. 나는 공공 정책의 효과에 대해 회의적인 편이다. 독일의 경험을 생각하면 특히 우려스럽다. 독일은 재생 에너지 개발에 수십억 유로를 사용하고 유럽에서 에너지 가격이 가장 비싸지만, 이산화탄소 배출량을 줄이는 데 실패했다. 독일이 계속 예전처럼 비효율적으로 대응한다면 탄소중립성에 이르기까지 4조 유로 이상을 써야 한다. 그보다 효과적이면서 효율적인 방법은 이산화탄소 배출에 가격을 매기는 것이다. 유럽의 이산화탄소 배출 수준에서 가격을 매기면 이상적인 방법이 된다. 이것은 탄소배출권이나 이산화탄소세를 통해야 한다. 그리고 다른 세금은 낮추어야 한다.

성장력
강화

||||||||||||||||

모두가 근본적으로 변해야 한다는 데는 의심의 여지가 없다. 지나치게 부채 수준이 높다는 문제를 해결하기 위해 과감하고 색다른 방법을 사용해야 하며, 모두가 복지를 더 많이 누리는 데 초점을 두는 진정한 개혁이 필요하다. 고령화 사회, 이민자 문제, 기후변화, 국제무대에서의 위상 등 미래에 다가올 어려움에 맞서려면 경제성장률을 높이는 것이 선결 조건이다.

성장동력을 강화한다는 것은 기본적으로 가능한 한 많은 사람을 일하게 하고, 그들의 생산성을 높이는 일이다. 그러려면 세금을 낮추고, 쉽게 노동 시장에 진입할 수 있게 해야 하며, 투자를 늘리고, 교육과 혁신에 비용을 지출해야 한다. 코로나19 이후의 세계에서는 정치적 발언만 할 것이 아니라 실제 행동으로 옮겨야 한다.

제10장

기업,
어떻게
살아남고

어떻게
승리할
것인가

이 책을 지금 읽고 있는 여러분 중에는 기업을 운영하는 사람도 많을 것이다. 그리고 코로나19가 불러온 경제위기와 정치권의 대응을 살피면서 어떤 미래 전략을 세워야 할지 스스로 답을 구하고 있을 것이다.

그런 사람들을 위해 이번 위기에 관한 생각을 나누려 이번 장을 마련했다. 2009년 금융위기가 진행되는 동안 나는 전 동료였던 데이비드 로즈David Rhodes와 함께 금융위기에 대처하는 방법을 학술지[1]에 연재하고 책[2]도 출간했다. 이제 당시의 글을 다시 읽고, 그저 몇 가지 최신 사례만 더하면 된다고 생각하는 사람도 있을 것이다. 하지만 그것은 완전히 잘못된 생각이다.

물론 일반적인 조언은 당시 상황에 적용할 수 있었고, 지금도 도움이 될 것이다. 다음의 표어를 따르면 된다. "비용을 낮추고, 판매를 늘려라. 그것은 언제나 효과적인 방법이다." 하지만 그 외 금융위기 때 나온 다른 조언은 이번 위기와는 무관하고, 일부는 완전히 틀린 내용도 있다. 그것은 코로나19로 인한 위기가 금융위기 때보다 경제와 기업에 훨씬 근본적으로 영향을 미치기 때문이다. 각국 정부에서 내놓은 긴급구제 정책은 10년 전 금융위기 때와 내용도 다르고 훨씬 광범위할 뿐 아니라, 경쟁의 규칙을 영구히 바꾸어놓았다. 결국 새로운 규칙에 가장 잘 적응하는 기업이 승자가 될 것이다.

지금부터 새롭게 열린 세상에 기업이 어떻게 적응해야 하는지, 15가지 방법을 소개한다.

1
빠르고 일관성 있게 대응하라

단기적으로 상황은 완전히 생존의 문제가 된다. 이는 유동성 확보가 가장 중요하다는 뜻이며, 특히 정부 지원이 대출 혹은 경영 참여의 형태로만 이루어지는 현재 환경에서 현금 확보는 무엇보다 중요하다. 정부 지원을 받는 상황을 피하고, 코로나19 위기 이후에 기업활동을 유지하려면 기업은 유동성을 확보하는 데 총력을 기울여야 한다. 유동성만 확보되면 다른 대책의 우선순위를 결정할 마음의 여유를 가질 수 있다.

과거 여러 경기 침체를 겪으면서 우리는 위기에 빠르고 일관성 있게 대응한 기업이 그렇지 않았던 기업보다 위기를 잘 극복했다는 사실을 배웠다. 고속도로에서 브레이크를 밟는다고 생각해보자. 브레이크는 너무 늦게 밟는 것보다 초반에 지나치다 싶게 세게 밟는 편이 더 낫다. 마찬가지로 비용이라는 브레이크도 위기 초반에 힘껏 밟아 아끼는 편이 늦게 손을 쓰다 나중에 당황하여 과잉반응하는 것보다 낫다. 그러나 단호한 행동을 취하려면 장기 계획이 있어야 한다. 미래 성장을 기대할 수 있는 분야, 근본적인 구조조정이 필요한 분야 혹은 존재 자체가 어려운 분야가 어디인지 알고 있어야 한다는 뜻이다. 그러면 지금 상황에서 어디에 기회가 있을지, 그리고 그 기회를 활용하려면 어떤 일을 해야 할지 생각해볼 수 있다.

2
상황별 시나리오는 꼭 만들어야 한다

기업이 직면한 주된 문제는 계획을 세울 수 없다는 것이다. 감염병 전문가들도 어떤 방법을 써야 병을 예방하고, 더는 병이 전파되지 않으며, 활동을 더 이상 제한할 필요도 없을지 확실하게 말할 수 없다. 1918년 스페인 독감 당시에 나타났던 제2차, 제3차 대유행을 생각해보라. 그때와 마찬가지로 코로나19도 대유행으로 새로 나타날 가능성이 크다. 코로나19에 효과적인 치료제나 예방법이 나오지 않는 한, 병이 다시 대유행할 가능성을 반드시 염두에 두어야 한다. 최악의 경우에는 2년간 외부 활동을 다시 제한해야 할 수도 있다.

그러므로 기업은 달라진 사업 환경에 맞는 사업 계획과 이를 판매 및 비용 구조에 어떻게 반영할지 분명하게 정해야 한다.

- **가능성은 적지만 'V'자형 시나리오**: 특정 산업군과 특정 기업에만 현실적인 가정이다.
- **기본으로 생각하는 'U'자형 시나리오**: 올해 하반기에 경기 회복이 시작된다.
- **'W'자형 시나리오**: 코로나19가 다시 유행하고 활동 제한 조치 역시 다시 내려진다.
- **'L'자형 시나리오**: 'U'자형 시나리오와 'W'자형 시나리오를 합한 것. 즉, 지금과는 다른 기업환경과 낮은 수요가 나타난다.

정치적 역학관계까지 고려하면 시나리오를 정하는 것은 더 복잡해진다. 정치적 역학관계는 평가할 수가 없기 때문이다. 유럽연합의 경우, 균등한 공동 부담에 관한 논쟁, 현재진행형인 무역 분쟁, 그리고 지정학적 갈등이라는 문제들이 상황을 한층 불확실하게 만든다.

기업에서는 심사숙고해서 만든 재무 모델을 가지고 시나리오별 가상 결과를 확인해볼 필요가 있다. 이럴 때 판매, 비용, 현금 흐름은 어떻게 될까? 특별히 심한 피해를 입은 사업 분야가 있을까? 이러한 상황에서는 어떤 대응을 할 수 있을까? 대차대조표를 확인하는 것도 중요하다. 위기 상황에서 자산이 영향을 받지 않는 경우는 드물다. 사업 시나리오별로 자기자본 비율은 어떻게 달라질까? 필요할 경우 자기자본을 늘리기 위해 무엇을 할 수 있을까?

3
경쟁은 어떻게 해야 할까

벤치마킹은 어쨌든 꼭 해야 한다. 우리는 자신이 어떤 경쟁을 하고 있는지, 상대적인 내 위치가 어떤지, 강점과 약점은 무엇인지 스스로 알고 있다. 지금 상황에서 경쟁하면 더 좋을까 아니면 더 나쁠까? 한편으로는 이런 분석을 통해 어떤 행동을 취해야 하고, 어디에 우선순위를 두어야 하는지 파악할 수 있다. 또 다른 한편으로는 경쟁을 분석해서 협업 또는 기업 인수의 기회가 있는지

살필 수 있다. 경쟁사가 더 이상 특정 고객층을 제대로 관리하지 못한다면 그 부분의 시장점유율을 늘리는 행동에 나서야 한다.

자사와 경쟁사의 상황을 시나리오별로 계산한 결과를 바탕으로 기업 내에서 시행할 대책을 확인해야 한다.

4
정부 대출과 경영 참여가 게임의 법칙을 바꾼다

향후 발전 시나리오를 짜기가 10년 전보다 더 어려워졌다. 정부의 경영 개입도 훨씬 광범위하게 이루어진다. 금융위기는 금융 부문의 안정성이 문제였다. 하지만 현재 우리는 실물 경제의 법칙이 근본적으로 변하는 상황을 맞이하고 있다. 정부의 지원 수단이 구조화되는 것처럼 기업의 부채 수준도 상당히 높아지고 있으며, 정부의 경영 참여도 늘고 있다. 이러한 상황은 기업 간 경쟁 상황을 바꾸었을 뿐 아니라 각 기업의 경쟁력도 바꿔놓았다.

정부 대출을 받든 지분을 나누든 정부가 시장에 참여하면, 사람들은 보통 상황에서라면 시장을 떠났어야 할 기업이 그대로 남게 되는 것은 아닌지 우려한다. 예를 들어 이런 기업은 발주를 받으려 공격적인 가격을 제시할 것으로 예상된다. 유동성 관리에 초점을 맞추는 기업에서는 흔히 있는 일이다. 이런 식의 접근법은 장기적으로 해당 기업의 경쟁력을 약화시킬 뿐만 아니라, 단기적으로는 모든 시장 참여자의 상황을 어렵게 만든다. 게다가 부당하게 경쟁 우위를 얻으려는 경향이 커진다. 따라서 기업은 독점금지법과 특허 보호에 대한 역량을 강화해야 한다.

한편, 정부의 개입으로 인해, 산업이 재편되거나 과잉설비가 조정되는 것이 막히기도 한다. 특히 이전의 물량을 유지하지 못하는 시장에서는 더욱 그렇다. 항공 산업을 예로 들 수 있다. 기업에서 화상 회의가 많이 이루어지면서, 직접 대면 회의를 하기 위해 직원들이 비행기를 타려는 수요가 줄었다. 마찬가지로, 오프라인 소매점 역시 온라인 쇼핑으로 인해 시장점유율 하락 현상이 가속화되고 있다.

앞으로는 사업 결정을 내릴 때 정부 개입으로 인한 시장 왜곡 효과를 반드시 고려해야 한다. 그건 경쟁이 이전보다 더 치열해질 것이라는 뜻이다. 어떤 전략을 추구할 것이고, 정부의 입김은 시장을 얼마나 왜곡할 것인가? 경쟁사의 재정적 어려움을 이용해 인수나 합병을 진행할 기회가 있을 것인가?

5
독립성 재확보

정부의 개입은 기업 행태에 직접적인 영향을 준다. 기업은 정부 개입의 결과로 보호막이 생기면, 자사의 이익을 위해 이를 이용하거나 아니면 가능한 한 빨리 정부 지원 부채를 상환하려 한다. 위기에서 살아남기 위해 정부의 지원에 의존해야 하는 기업이라면, 반드시 부채상환 전략을 세워야 한다. 서두를 필요는 없다.

정치인들은 차입이 아주 많은 민간 부문이 원치 않게 얻은 부채를 줄이는 데 초점을 맞추는 건, 경제 회복에 도움이 안 된다는 것을 곧 알게 될 것이다. 그래서 채무 면제 방법이 논의의 중심으로 떠오를 것이다. 여기에는 이자 상환을 장기간 유예하는 방법에서부터 부채를 탕감해주는 방법까지 포함된다.

결국에는 부채를 빨리 상환하는 사람이 우스워진다. 부채를 빨리 갚지 않고 시간을 끌다 채무 재조정과 면제 방안을 협상하면 된다. 그러는 동안 빌린 자금으로 사업에 계속 투자하면서 말이다. 무엇보다 사업 모델의 혁신과 재편성을 통해 경쟁 우위를 확보할 수 있어야 한다. 과거에 전염병이 대유행했을 때의 경험을 떠올려보면, 소비자 행동과 선호를 영원히 바꿔놓는 사회구조적 격변이 일어났다는 것을 알 수 있다. 이러한 상황에 발맞추는 것이 중요하다.

6
핵심 전략은 회복탄력성

    코로나19를 통해 심각한 외생 충격을 극복하는 것이 어려운 일이라는 사실을 확인할 수 있었다. 그러므로 향후 투자자와 채권자의 위험 분석에, 이 충격들이 최소한 부분적으로라도 반영될 것임을 예상해야 한다. 그렇게 되면 자본과 유동성에 대한 요구 기준이 높아진다.

    사업 모델과 기업의 회복탄력성을 평가하는 데 있어서 재무 레버리지와 더불어 영업 레버리지도 핵심 평가 요소다. 이것은 비용에 얼마나 유연하게 대처할 수 있는지를 뜻한다.

    경제위기 때는 비용 유연성의 가치가 잘 드러난다. 가치사슬을 비판적인 시각으로 확인하는 작업도 필요하다. 다시 말해 위기는 중요하지 않은 기업활동을 아웃소싱하고 공급망을 재조직할 기회가 된다. 공급망을 재조직하는 것은 기회이자 위협이다.

    이전에도 생산지를 재배치relocation하는 흐름이 있었지만, 코로나19 충격으로 인해 이러한 경향이 더욱 강화될 것이다. 손익분기점을 반드시 낮추어야 하기 때문이다.

7
철저한 비용 절감
|||||||||||||||||||||||||||||||||||||||||||||||||||||||||

이럴 때일수록 비용을 철저히 절감해야 한다. 우리는 비용을 절감할 수 있는 부분을 대체로 알고 있다. 경기가 좋을 때는 그런 비용 절감 방법을 쓸 수 없거나 쓰려고 하지 않았을 뿐이다. 하지만 이제 과거에는 불가능하다고 생각했던 비용 절감을 시행해야 할 때가 왔다. 비용 절감 방법은 이미 알고 있으므로 비용을 잘못 삭감할 위험은 거의 없다. 어쨌든 아주 오래전부터 해야 했을 일을 현재의 상황 때문에 지금 실시하는 것뿐이다.

앞으로 다가올 가까운 미래에는 한동안 존재했던 경영상의 비효율적인 부분을 수정해야만 하고, 여기에 협상의 여지는 별로 없을 것이다. 독일의 항공사 루프트한자Lufthansa가 오랫동안 높은 비용에 시달려온 자회사 저먼윙스Germanwings 운영을 중단했던 것처럼 말이다. 저먼윙스의 운영 중단은 단호한 방식으로 이루어졌다. 위기를 맞으면 기업의 근본적인 문제를 다룰 특별한 기회가 생긴다는 것을 보여준 사례였다.

비용상 불리해서 또는 구조적 변화로 인해 운영이 힘든 공장을 폐쇄하는 것도 여기에 포함된다. 이런 사례는 자동차 업계에서 찾을 수 있다. 전기자동차로의 전환은 과거의 여러 기술이 더는 필요하지 않다는 뜻이다. 과거의 생산 설비를 활용한다는 건 환상에 불과하다. 지금 폐업 사실을 발표하고 갑자기 찾아온 위기 때문이라고 정당화하는 것이 확실한 선택이다. 경기 회복기에 접어들면 공장을 폐쇄하는 일은 훨씬 어려워지고, 강력한 저항에 부딪히게 될 것이다.

비용을 절감하는 전형적인 방법으로는 임원급 직원을 정리하고, 핵심 기능을 집중화하며, 중요하지 않은 업무를 외주로 돌리는 작업 등이 있다. 지금과 같은 상황은 공급업체들과 협상할 적절한 기회이기도 하다.

투자 예산의 검토도 같은 방식으로 이루어져야 한다. 이론상 모든 가능성을 고려했다 해도 대부분 기업은 전통 사업 분야의 구식 기술을 발전시키는 데 너무 많은 비용을 투자하면서, 신규 사업투자에는 소홀하다. 경영 컨설턴트들은 기업이 확실한 돈벌이가 되는 캐시카우cash cow에게는 지나치게 많은 먹이를 주면서, 앞으로 빛을 볼 스타star 사업에는 충분히 투자하지 않는다고 말한다. 이것은 일상적인 사업 환경 속에서 지나친 고집을 부린 결과다. 위기를 활용해 이러한 상황에 효과적으로 대응해야 한다.

지금까지 소개한 방법을 사용했을 때 어떠한 결과가 나타날지 아직도 의심스럽다면, 스스로 이렇게 물어보라. '경쟁사는 지금의 위기 상황을 활용하여 철저히 비용을 절감하는데, 우리 회사에서는 하지 않는다면 어떻게 될까?' 앞으로 경쟁사를 따라잡기는 쉽지 않을 것이다. 아니 따라잡는 일이 가능할지조차 알 수 없다.

8
판매, 판매, 판매!

구조적이고 상당한 규모로 비용을 줄일 기회를 잡는 것도 중요하지만, 한층 더 일관성 있는 판매 계획을 세우는 일 또한 중요하다. 판매는 단지 가격에 의해서만 결정되는 것이 아니다. 경기가 회복될 때 동기를 부여하고 강력한 시작을 할 수 있게 해야 한다. 예를 들면 영업 사원을 대상으로 하는 좀 더 강력한 인센티브 제도가 있다. 마케팅 비용도 마찬가지다. 장기적인 기업 이미지를 노리기보다는 임시방편으로 즉각 구매를 일으킬 방법을 찾아야 한다.

다 같이 위기를 맞았기 때문에 경쟁은 급격히 치열해질 것이다. 그러므로 영업과 마케팅 부서에서는 적절한 대책을 준비해야 한다. 이를 위해서는 고객 분석이 반드시 함께 이루어져야 한다. 코로나19 위기 동안 소득이 줄었거나 전무한 고객이 많다. 하지만 한편에는 평상시와 다름없는 소득을 벌었지만, 활동 규제 때문에 소비를 줄인 고객도 있다. 여기에 잠재 구매력이 있다. 자신의 회사에 맞는 현명한 방법을 궁리해 기회를 활용해야 한다.

예를 들어 코로나19로 인한 여행 제한 때문에 사회적 거리 두기 정책이 끝나고 일정 기간이 지나야만 제품을 공급할 수 있는 업체라면, 즉시 구매할 수 있는 제품 쪽으로 소비자가 쏠리지 않도록 가능한 대책을 세워야 한다. 상품권을 지급하거나 할인 행사를 여는 방법을 생각해볼 수 있다.

9
신뢰할 수 있는 동반자로 남아라

이렇게 예외적인 상황에서는 특히 사회적으로 좋은 일을 하는 게 좋다. 고객·공급업체·직원·투자자 등 누구에게나 마찬가지다. 정도는 다르지만, 누구나 코로나19의 영향을 받았다. 아디다스 같은 글로벌 기업이 임대료를 내지 않는다면, 비용 절감을 생각하는 주주들을 안심시킬 수는 있겠지만 사회적 평판은 훨씬 더 나빠질 것이다.

물론 부동산 소유주도 자기 이익을 떠나 임차인인 기업의 유동성 확보와 자본력 강화에 기여해야 한다. 다만, 파트너십을 통해 합의를 이루는 게 중요하다. 만일 이럴 때 파트너사를 도울 재력이 있는 기업이라면 회사의 평판과 신뢰도를 크게 높일 수 있고, 이것만으로도 회사는 앞으로 경쟁우위를 가지게 된다. 신뢰는 회사의 중요한 자산이며, 당연히 그래야만 한다.

10
경기부양책을 이용하라

경제위기에서 벗어나는 데는 시간이 걸린다. 많은 회사에서 생산은 느리게 재개될 것이다. 생산에 필요한 여러 부품이 부족할 것이고, 그 부품을 생산하기까지 또 시간이 걸리기 때문이다. 식당은 생활 속 거리 두기 규칙을 지킨다는 전제하에 테이블 사이에 거리를 두고 영업을 시작할 수밖에 없는데, 그러면 영업 이익을 얻을 수 없는 식당이 많을 것이다. 대규모 행사, 콘서트, 클럽처럼 밀접 접촉이 많이 이루어지는 장소는 훨씬 더 오래 영업이 제한된다. 그래서 정치인들은 이미 경기 회복을 자극할 경기부양책을 논의하고 있다.

소비 진작을 위해 단기적으로 현금을 지급하는 방법 외에 대규모 지출 정책이 목록에 오를 가능성이 크다. 코로나19가 유행하기 이전 정치권에서 주목하던 분야에 지출의 초점이 맞춰질 것이다. 정부는 사회기반시설 확충, 디지털화, 기후변화에 대응하는 조치 등에 이전보다 훨씬 더 많은 비용을 지출할 것이다. 정부 지출 정책을 활용해 이익을 얻을 기회다. 기업에서는 이러한 추가 수요에서 혜택을 얻을 방법이 있을지, 또는 향후 투자를 위해 정부 보조금을 받을 수 있을지 확인해야 한다.

11
반反세계화에 대비하라
||||||||||||||||||||||||||||||||||||||||||||||||||||||||||||

코로나19가 유행하기 전부터 가치사슬의 세계화 흐름은 주춤해지고 있었다. 금융위기에서 비롯된 결과로, 도널드 트럼프 대통령 당선 전부터 그랬지만 보호주의가 강해지고 기술의 변화가 일어났다. 이산화탄소 배출량을 줄이는 노력도 마찬가지였다. 이산화탄소 발생이 많은 지역이 있기 때문이다. 코로나19는 글로벌 가치사슬이 얼마나 약한 것인지 분명하게 보여주었다.

이러한 흐름 때문에 정치인과 기업은 생산구조의 재지역화re-regionalisation를 추진하게 되었다. 생산구조를 다시 지역화하는 일은 기회이면서 동시에 위험도 따른다.

예를 들어 유럽 내에서 생산을 더 늘릴 기회는 있지만, 부가가치에 집중하거나 전적으로 혹은 부분적으로 수출에 의존하는 기업에게는 위험이 따를 수 있다. 기업은 판매가 이루어지는 지역에서 생산을 늘릴 수밖에 없다. 그러려면 적절한 설비를 갖추고 적합한 인재를 고용해야 할 뿐 아니라 지적 재산권 보호에도 신경 써야 한다. 이에 더해 비슷한 어려움을 겪는 다른 지역 기업과 협력이 이루어지는지, 그리고 가치사슬 전환 과정에서 서로 도움을 주는지도 확인해야 한다.

12
인력 확보와 개발

||||||||||||||||||||||||||||||||||||||||||||||||

무엇보다 모든 방법이 직원 수를 줄여야 한다는 점을 지적하고 있다. 물론 맞는 말이지만 기업 경쟁력을 회복하고, 코로나19 이후에 펼쳐질 새로운 세상을 생각하면 인구구조 변화는 걱정스러운 일이다. 예를 들어 최근 몇 년간 독일 기업들은 다가올 노동력 감소의 시대를 대비한다는 이유로, 현재 생산 수요에 필요한 인력보다 많은 수의 직원을 유지한 탓에 생산성 저하를 겪고 있었다. 이제는 미래 사업 모델에 적합한 직원을 회사에 남기고 그들을 교육하기 위해 비용을 조정하는 것이 관건이다.

동시에 자동화와 디지털화의 속도는 빨라지고 있다. 재지역화는 의심할 바 없이 비용 부담과 함께 찾아올 것이며, 이에 대응할 방법은 기술을 꾸준히 사용하는 길밖에 없다. 여기서 코로나19 위기를 회사 내부적 저항을 극복하는 수단으로 한 번 더 사용할 수 있다. 회사의 존립에 위협이 발생한 상황에서는 회사 내부의 동의를 구하기가 더 쉽다.

어쨌든 기업의 생산성을 높이는 데 초점을 맞추는 게 기본이다. 앞으로 경제 상황이 한층 더 악화될 것이라는 비관적 시각을 가졌다면, 기업 이익에 가해지는 부담은 매우 커질 것이다. 하지만 상승한 비용을 전부 고객에 떠넘길 수는 없다.

13
인플레이션이 돌아온다

금융위기 이후 중앙은행이 펼친 정책을 보고 인플레이션이 돌아올 것으로 예상한 사람들이 있었다. 하지만 대부분 자금이 금융시스템 안에 묶이면서 인플레이션은 발생하지 않았고, 자산가격 상승으로 이어졌다. 하지만 이번에는 달라야 한다. 앞으로 몇 년간 중앙은행은 더욱 공격적인 정책을 펼칠 것이다. 중앙은행의 정책은 정부 지출 확대와 연관되어 있으므로 기후변화 대응, (부분적인) 반세계화, 물가 상승과 관련한 정책이 예상된다.

이에 더해 과거 전염병이 유행했던 때에 얻은 분명한 교훈도 있다. 전염병이 대유행하고 나면 반드시 임금이 매우 높아졌다. 흑사병과 스페인 독감이 유행했을 때도 그랬고, 그보다 희생자 수가 훨씬 적었던 다른 병이 유행했을 때도 마찬가지였다. 코로나19를 이겨내고 경제 회복의 첫 단계에 접어들면, 기업이 비용 상승과 전반적인 인플레이션 상황에 처할 것으로 예상되는 이유다.

하지만 비용 상승분을 전부 시장으로 이전시키기는 어렵다. 게다가 최근 수십 년 동안은 세계화로 인해 디플레이션 경향이 우세했기 때문에, 우리는 물가상승률이 높은 상황에 대한 경험이 부족하다. 그러므로 비용과 효율성에 더욱 초점을 맞추어 관리하는 한편, 가격 관리 분석 기술을 익혀 사용을 확대해야 한다. 혁신적인 가격 전략은 점점 중요해진다. 예를 들어 구매 석립액 등 수량화할 수 있는 고객 혜택에 따라 가격을 탄력적으로 적용하거나, 제품을 판매가 아니라 대여하는 사업 모델을 개발하는 일 등이다.

14
새로운 세상

코로나19 위기는 1930년대 경제 대공황에 견줄 만하다. 경제 대공황 당시의 충격으로 전 세계는 경기 침체에 빠져들었고, 결국에는 군비 확충과 전쟁(비용은 중앙은행이 지원)을 통해 경제위기에서 벗어났다. 하지만 전 세계가 경기 침체에 빠져들었다는 것 외에도 공통점은 또 있다. 경제 공황 당시에도 세계는 에너지 생산, 자동차 산업, 무역과 노동 시장에서 근본적인 기술 변화를 겪고 있었다.

오늘날도 그때와 다를 바 없다. 현재 우리도 최근 수십 년에 걸쳐 오랫동안 대단한 변화를 경험하고 있기 때문이다. 이제 코로나19 사태가 변화의 촉매가 될 것이다. 코로나19가 유행하기 전에 나타났던 여러 흐름이 진행 속도를 높이고 있지만, 코로나19로 인해 이전의 흐름이 반전되는 경우도 나타나는 것으로 보인다.

코로나19가 불러올 변화는 아주 엄청나서 불과 몇 주 전에 생각했던 것보다 기존의 질서를 더 빨리 바꿔놓을 것이다. 이 사실은 중국의 경험을 통해서도 알 수 있다. 중국은 코로나19로 인한 도시 봉쇄가 해제된 후 3월말 기준으로 전력소비량이 코로나19 위기 이전의 80% 수준을 기록하는 등 경제가 회복되고 있다.

하지만 소비자는 여전히 깊은 충격에 빠져 있다. 조사에 따르면 중국인들은 코로나19가 유행하기 전과 비교해 외식을 줄이고, 건강관리, 의약품, 건강식품에 지출을 늘리고 있다. 물론 아직 너무 이른 단계이므로 소비자 행동이 영구히 변했다고 결론 내리기는 어렵다. 그렇지만 코로나19가 계속 확산되고 있는 가운데 유럽보다 먼저 이 상황을 겪은 나라의 사례는 분석할 가치가 있다.

상황이 코로나19 발생 이전으로 돌아갈 것이라고 생각하는 기업은 없다. 하지만 현재로선 코로나19 사태로 인한 심리적 변화가 소비자 행동과 선호를 어떻게 바꿀지 예측할 수가 없다. 그래서 코로나19 충격이 소비자에게 어떤 영향을 주는지 알아보기 위해 상황별 시나리오를 준비하는 것이 중요하다. 그저 코로나19가 가져올 단기적 영향이 아니라 경제의 구조적 변화도 생각해야 하고, 수동적 대응과 능동적 대응에 따른 결과도 확인해야 한다. 자, 이제 여러분은 기존에 개발해둔 제품을 어떻게 판촉하여 이익을 얻을 것인가?

15
공격하라!
||||||||||||||||||||||||||||||||

생존을 위한 질문을 모두 해결했다면, 이제는 공격할 시간이다. 위험을 명확히 분석해 관리하는 노력을 기울인 기업에게는 앞으로 다가올 몇 달 동안 많은 기회가 따를 것이다. 경쟁사를 인수하거나 저렴한 가격으로 자산을 구매할 수 있고, 정부 보조금도받을 수 있다. 이런 부분을 미리 생각하고, 상황이 다가왔을 때 발빠르게 대응할 수 있는 조건을 만들어두는 게 좋다.

시장점유율을 높이고, 경쟁사를 인수할 기회를 얻는 것도 좋지만, 그 외에도 신기술에서 비롯되는 기회에 초점을 맞추는 것이중요하다. 앞으로 엄청난 디지털화와 자동화가 이루어져 지금까지와 완전히 다른 사업 기회와 모델이 생길 것이다. 그러려면 디지털화와 자동화에 맞추어 신규 설비와 시스템, 그리고 연구개발에 투자해야 한다. 특히 모든 기업에서 효율성과 생산성을 크게높이려면 그에 따른 장비 수요도 늘어날 것이다.

그러므로 기업활동을 줄이고 있는 지금 이 기간 동안 비용 절감과 판매 전략 수정만을 생각할 게 아니라, 혁신에 좀 더 많은 노력을 기울여야 한다. 혁신의 잠재력은 아주 크다. 특히 개발과 생산 사이에 협력이 일어나면 혁신의 가능성은 더욱 커진다. 경영활동이 상대적으로 잠잠한 이 시기에 미래 경영의 근본을 생각하고 답을 구하려는 건 상당히 합리적인 생각이다. 지금까지 겪었던 위기를 통해 우리는 위기를 겪는 동인 기업이 일관성 있게, 그리고 무엇보다 경쟁사보다 빠르게 움직이면 시장점유율을 상당히 높일 수 있다는 사실을 배웠다.

코로나19 사태에도 끝이 있다

그때가 올 때까지 기업은 살아남기 위해, 그리고 경기 회복을 준비하기 위해 많은 방법을 동원해야 한다. 여기서 나열한 방법이 절대 전부가 아니다. 또한 구체적으로 마주하는 각 상황에 모든 방법이 똑같이 적용되는 것은 아니다. 그러므로 당연히 사용할 방법의 우선순위를 정하고, 분명한 계획에 따라 실행해야 한다. 우선순위를 정하는 기준에는 긴급성, 경제적 영향, 시행 과정의 어려움, 그리고 관련 위험성을 고려해야 한다.

이를 위해 위기 관리팀을 운영하는 것이 좋다. 위기 관리팀은 대응 방법의 우선순위를 정하고, 개별 작업라인에 자원을 배분한다. 그리고 대응 방법을 실행한 후 진행 과정을 관리하고, 경제 상황에 맞추어 대응 방법을 조정한다. 회사가 전체적으로 움직일 때 위기에서 살아남을 가능성이 더 커질 뿐 아니라 위기를 통한 기회를 잘 활용할 수 있다.

코로나19처럼 사회·경제적으로 근본적인 충격을 받았을 때 한 가지 좋은 점은 기존 질서를 완전히 뒤흔든다는 점이다. 프랑스 화학자 루이스 파스퇴르Louis Pasteur가 남긴 유명한 말처럼 "준비된 자에게만 기회가 온다." 코로나19는 예상치 못한 충격이었다. 앞으로 다가올 몇 달 동안 어떤 기회가 나타날지 이미 예상할 수 있다. 그 기회를 최대한 활용하라!

제11장

변화의 촉매,

코로나19

　서구 사회에서는 오랫동안 문제가 쌓여오고 있었다. 경제성장률은 취약해지고, 소득은 정체되었으며, 부의 배분은 점점 불공평해지고, 부채는 늘어났다. 게다가 투기가 기승을 부리는 환경이 되었다. 이 모두가 금융위기와 유럽재정위기 당시의 문제를 해결하지 못한 데서 비롯된 직접적인 결과다.

　지금은 금융위기 이후 10년이 지나는 동안 두 번째로 맞닥뜨린 심각한 경제위기로, 이 모든 문제를 드러내고 있다. 돋보기로 보듯이 자세히 들여다보면 정치인들이 자신들이 다루기 불편하고 유권자들에게 인기 없는 결정은 피해왔다는 사실이 명백히 드러났다. 우리가 안고 있는 문제의 답도 정치적으로는 인기가 없을 것이다. 문제를 해결하려면 화폐가치를 떨어뜨리는 정책을 중단하고, 생산성을 높이고, 과도한 부채를 줄이는 실제적 개혁을 시행해야 한다.

정치적 관점에서 보면, 외생적 충격인 코로나19가 나타나 경제위기를 불러온 건 다행스러운 일이다. 정치인들이 최근 수십 년간 부채를 늘리고 비용도 준비하지 않은 채 유권자에게 재정 지원을 약속하는 등 파괴적인 정치를 벌인 결과를 수정할, 완벽한 변명거리로 삼을 수 있기 때문이다.

최근까지만 해도 중앙은행이 제2차 세계대전 수준으로 정부에 직접금융을 지원하고, 유로존 내의 부채를 사회화하는 일은 생각조차 할 수 없었다. 하지만 이제는 이미 그렇게 되었거나 아니면 곧 현실화할 것으로 보인다.

전쟁 대신
바이러스

앞서 말했듯이 코로나19 위기와 1930년대 대공황은 분명 닮았다. '광란의 1920년대roaring 20s'가 끝을 향하던 당시에도 세계 경제는 높은 부채에 시달렸고, 투기가 기승을 부렸으며, 국제 수지 불균형은 심화되고 있었다. 대공황은 세계 경제에 디플레이션을 불러와 경기가 침체되었다. 대공황을 극복할 수 있었던 건 결국 각국의 군비 확충과 제2차 세계대전 덕분이었다.

그러나 공통점은 이뿐이 아니다. 그때도 지금처럼 세상에는 근본적인 기술 변화가 일어나고 있었다. 두서너 가지 예를 들면 자동차·화학·항공 등의 신산업이 등장해 경제와 인간의 삶을 통째로 바꿔놓았다.

기술 변화는 또한 금융시장과 실물 경제에도 상당한 혼란을 가져왔다. 기존 산업은 생존을 위해 싸웠고, 새로운 세상에 맞추어 변모하려 애썼다. 새로운 산업은 점점 힘을 얻어 존재감이 강해지기 시작했다. 부작용도 나타나 과거 산업에 속한 기업이 신기술에 투자하는 대신 금융공학financial engineering을 이용해 회사 이윤을 늘리려 애쓰는 일이 흔했다. 이것 역시 최근 몇 년간 시장에서 관찰할 수 있는 모습이기도 하다.

코로나19 위기는 과거의 위기처럼, 아니 그보다 더 큰 변화를 불러오는 촉매다. 코로나19 위기 전부터 있었던 수많은 트렌드의 변화속도가 빨라지고 위기 이후 다른 트렌드로 뒤바뀌는 것을 보면서 그 변화를 알 수 있다. 다음 몇 가지 예를 살펴보자.

- 디지털화와 온라인 거래가 엄청나게 늘었다. 코로나19가 나타나기 전부터 오프라인 상점의 매출 감소는 예상했지만, 이제는 훨씬 빠른 속도로 줄어들고 있다. 도심에는 아마도 아주 적은 수의 상점만 남을 것이다.

- 전 세계로 출장을 다니는 대신 화상 회의를 이용할 수 있다는 사실을 알게 되었다. 항공사가 코로나19 위기 이전 수준의 매출을 회복하려면 오랜 시간이 필요할 것이다, 회복이 가능할지 알 수 없지만 말이다.

- 재택근무가 사무실로 출근하는 것보다 꼭 생산성이 떨어지는 것은 아니라는 사실이 증명되었다. 코로나19 이후 세계의 승자는 '재택근무'다.

- 세계화에 대한 부담이 커졌다. 사람들은 높은 비용을 부담하더라도 자국 내에서 제품을 생산하려 한다.

- 산업에서 자동화, 디지털화, 로봇의 사용 등의 경향이 상당히 빨리 진전되고 있다.

- 기업은 다시 한번 신중한 경영 태도를 보여야 하는데, 예를 들어 자기자본 비율을 높이고, 안정적인 가치사슬을 유지해야 하는 등 위기 대응 능력을 지녀야 한다.

- 인플레이션이 찾아온다. 인구구조의 변화로도 인플레이션은 예상되었던 일이지만, 이제 더 빠른 속도로 나타날 것이다.

정치인들이 1930년대 대공황에서 배웠던 교훈에 계속 주의를 기울이기를 바랄 뿐이다. 지금까지는 당시의 교훈을 바탕으로 통화정책과 정부 경기부양 정책을 내놓았다. 대공황이 다시 나타나는 것을 막아 사람들에게 미치는 경제의 부정적 결과를 제한하기 위해 정부에서는 가능한 모든 수단을 동원했다. 경제정책만큼 중요한 건 정치인들이 갈등이 아니라 계속 협력하는 일이다. 대공황이 더 심각한 사태로 악화했던 이유는 각국이 보호주의를 내세웠기 때문이었다. 코로나19 사태가 시작되기 전부터 보호주의 움직임이 있었고, 그건 미국의 도널드 트럼프 대통령 때문만도 아니었다. 금융위기 이후부터 국제무역에 정부가 개입하는 경우가 점점 늘어났던 것도 또 다른 원인이었다.

정치인들은 보호주의 정책을 한층 강화하고 싶어 하지만, 우리는 반대해야 한다. 〈워싱턴 포스트〉처럼 명망 있는 신문에서 코로나19가 중국군 실험실에서 비롯했다는 기사를 내면, 심각한 무역전쟁으로 치달을 가능성이 현실적인 위협으로 다가온다.[1] 이런 행동은 경기 회복을 더욱 늦출 뿐이다.

나는 아직 세계 경제가 1930년대처럼 파괴적인 단계를 거치지 않고 바로 재건의 길로 들어설 수 있다고 자신한다. 구체적으로 이야기하면 정부가 적극적인 정책을 펴고, 중앙은행이 자금지원을 넉넉히 하면 경제는 전체적으로 살아날 것이다. 다만 정부가 기업을 운영해야 한다는 뜻은 아니다. 그렇게 된다면 실수를 저지르는 것이다.

그러나 정부는 기업 환경을 조성할 수 있다. 새로운 산업혁명이 폭넓게 시작되는 길에 신기술은 초석이 된다. 대부분 신기술은 이미 경쟁력을 갖추었기에 정부 보조금은 필요하지 않다. 대신 새로운 산업으로 전환하는 계기가 될 체제가 필요하다.

미래학자 토니 세바Tony Seba는 혁신을 이용하면 환경을 보호하면서 경제가 번영할 수 있는 잠재성이 얼마나 큰지 멋진 발표를 통해 잘 보여주었다.[2] 어느 발표회에서 토니 세바는 뉴욕 5번가의 모습을 담은 두 장의 사진을 보여주었다. 첫 번째 사진을 보여주며 그가 물었다.

"여기 자동차가 보이나요? 수백 마리의 말들 가운데 자동차는 단 한 대밖에 없습니다."

두 번째 사진을 보여주며 그가 다시 물었다.

"여기 말이 보이나요? 셀 수 없이 많은 자동차들 속에 서 있는 유일한 말입니다."

두 사진에서처럼 뉴욕 5번가의 모습이 바뀌는 데 걸린 시간은 10년이 채 되지 않았다. 토니 세바에 따르면 혁신은 소비자에게 혜택을 제공했을 뿐 아니라 기존 기술을 이용했을 때보다 훨씬 싸게 물건을 구할 수 있게 해주었다고 한다. 기술 발전이 어떻게 작동하는지 모르는 사람이 들었을 때나 놀라운 소리일 테지만 말이다.

우리 시대가 겪고 있는 주요 문제, 즉 기후변화에 대응하는 일에도 같은 내용을 적용할 수 있다. 코로나19가 지나가고 나면 기후변화는 다시 정치 안건으로 돌아가고, 당면한 경제 문제는 해결될 것이다. 긍정적으로 생각하면 기후변화에 대응하려는 국제 공조의 의지가 나타날 것이다. 다시 한번 말하지만 환경 보호의 답은 기술 발전에서 찾을 수 있다. 이산화탄소 배출량을 줄일 수 있는 기술은 이미 폭넓게 개발되어 있다.

그러므로 정치권에서는 이산화탄소 배출량을 줄이려 세금을 부과한다는 생각은 접어야 한다. 어떤 기술이 재빨리 우위를 차지할지 그건 아무도 알 수 없다. 그러므로 정치권이 분명한 틀을 세우는 것만으로도 충분하다. 즉, 이산화탄소 배출량을 줄이기 위해 이산화탄소 배출 가격을 정하는 것으로 충분하며, 그 외에는 아무것도 필요하지 않다. 다만 정부는 연구와 혁신 활동을 위해 지원금을 지급하면 된다.

제2차 세계대전 이후 경제를 재건하던 때처럼 기후변화에 대응하는 동안 신기술이 확산하고, 경제성장을 촉진시킨다. 그러면 생산성이 높아질 것이며, 이에 따라 1인당 소득도 늘어날 것이다.

피할 수 없는 반세계화의 흐름 속에서도 기후변화에 대응하는 일은 계속될 것이다. 금융위기 이후 이미 세계화는 약해졌고, 세계 무역도 금융위기 이후 충격에서 완전히 회복하지 못했다. 기후변화에 대응하고 이산화탄소 배출 가격을 올리면 반세계화의 흐름은 더욱 강해질 것이다. 기술 발전이 생산 과정을 바꾸는 것처럼 말이다.

코로나19가 불러온 충격으로 글로벌 공급망이 실제로는 얼마나 취약한지 알게 되었다. 특히 의약품·의료기술·보호장비와 같은 중요 제품의 공급망은 정말 취약했다. 이로 인해 반세계화 흐름은 더욱 강해질 것이며, 일찍부터 이것을 대비한 나라에는 기회로 작용할 것이다.

한편, 반세계화는 신흥국가에는 나쁜 소식이다. 1장에서 지난 수십 년간 빈곤율이 크게 떨어졌다는 사실을 살펴보았다. 수백만 명이 빈곤에서 벗어났고, 삶의 질이 향상되었다. 이는 세계화가 이룬 직접적인 결과다. 세계화 덕분에 생산 시설이 신흥국으로 옮겨가 그곳에 일자리를 만들어냈기 때문이다. 중국 같은 나라는 수출 의존도를 낮추어도 경제 발전을 지속할 수 있는 단계까지 올라섰다. 하지만 다른 많은 나라는 그렇지 못했다.

이는 인류의 비극일 뿐 아니라 정치적 안정과 평화에도 중대한 위험을 불러온다. 그러므로 서구 국가에서는 국제 사회의 통합이 줄어드는 효과를 보완할 수 있는 정책을 실행해야 한다. 앞서 소개했던 것처럼 부채를 탕감하는 방법뿐 아니라 생산 시설을 특정 지역으로 옮기는 방법도 있다. 이후 그 지역 시장에 맞추어 완전히 독립된 생산 시설을 가동하면 된다.

아시아의 부상

|||||||||||||||||

　오늘날 우리가 맞이한 상황이 1930년대와 비슷하다고 보는 또 다른 이유가 있다. 1930년대에는 구세계의 권력자였던 영국이 지고, 미국이 새로운 강대국으로 떠올랐다. 오늘날 세계 무대에 등장한 무시할 수 없는 경쟁자는 중국이다. 비록 중국이 고령화, 높은 채무, 미국이나 유럽에 비해 낮은 1인당 GDP 등으로 어려움을 겪고 있기는 하지만, 중국에는 고등 교육을 받고, 근로 의욕이 넘치는 노동자의 수가 많다. 중국은 이제 그저 서구 국가의 작업대 역할에 그치지 않고, 중요한 미래 기술을 이끄는 나라가 되려 한다. 서구 국가에서 5G 통신망을 설치할 때 화웨이 외에 대안이 없었다는 사실을 떠올려보라.

　코로나19가 중국에서 비롯되었다고 하지만, 지금까지 서구 어느 나라보다 중국이 바이러스에 잘 대처하고 있는 것도 사실이다. 코로나19와의 싸움이 어떻게 진행되고 있는지 미국과 중국을 직접 비교하면 서구 국가가 스스로 당황스러워지는 결론만 내릴 수 있을 뿐이다.

　중국의 이웃 국가인 대만·베트남·홍콩·싱가포르도 서구 국가보다 전염병 관리를 잘했다. 발병 초기부터 일관된 정책으로 바이러스 전파를 관리해 감염률을 낮게 유지할 수 있었다. 이상의 나라들은 중국과 가까운 위치에 있지만, 인구 대비 감염자 수는 유럽보다 훨씬 낮다. 심지어 한국의 경우에는 코로나19의 영향을 특히 많이 받았지만 전염병을 얼마나 잘 관리할 수 있는지, 그 능력을 증명했다. 코로나19로 인한 사망률이 다른 나라보다 매우 낮기 때문이다. 하지만 그들의 대처 방법이 옳은 것이었는지는 시간이 지나야만 알 수 있다. 예를 들어 싱가포르는 초기에 잘 대처했지만 4월 2차 감염이 시작되면서 상점 문을 닫는 등 더 강력한 수단을 써야 했다.

아시아에서 초기에 성공적인 대처를 했던 건 우연이 아니었다. 아시아 사람들은 중증급성호흡기증후군SARS을 겪었고, 그때 경험에서 얻은 교훈이 있었다. 그렇다면 '어느 시스템이 가장 좋은가?'라는 질문이 떠오른다. 서구 사회가 내세우는 열린 사회 정책인가, 전염병과 싸우기 위해 여러 대책을 만들어 국민에게 따를 것을 요구하고 관리하는 국가의 모습인가? 일단 서구 국가의 모습은 좋아 보이지 않는다. 따라서 서구 사회는 이 시점에서 자신들의 열린 사회 정책이 왜 좋은 시스템인지를 증명해야 한다.

여기서 어떤 어려움이 따를지 분명히 알 수 있다. 유럽은 구체적인 방법에 아무리 어려움이 있어도 반드시 위기를 함께 극복해야 한다. 이런 맥락에서 나는 아무리 이탈리아 안에 개인 자산이 상당하다 해도 유럽이 이탈리아를 도와야 한다고 생각한다. 그렇지 않으면 유럽이 선택할 방법은 유럽연합과 유로존을 파괴할 분열뿐이기 때문이다. 중국은 이미 이 분열을 거들 준비가 되어 있다. 중국이 유럽연합의 위기를 이용해 유럽의 기업을 사들이고 항구와 같은 주요 자산을 손에 넣으면 어떻게 될까? 보호주의를 주장하는 것은 아니지만, 유럽은 스스로 응집력을 높여야 한다.

'크리스마스'가 되면
끝날까?

코로나19가 전쟁만큼 나쁜 것은 아니라서 다행이다. 사회기반시설을 파괴하지 않았고, 전쟁이 났을 때만큼 사람이 많이 죽지는 않을 것이다. 하지만 코로나19도 전쟁과 마찬가지로 '크리스마스' 때까지는 끝날 것이라는 기대는 헛된 것이다. 1918년 스페인 독감처럼 예전 팬데믹의 역사를 찾아보면 전염병은 여러 차례에 걸쳐 다시 발생하고, 제2차, 제3차 유행에서는 1차 유행 때보다 더 많은 희생자가 나올 수 있다는 것을 우리는 알고 있다.

운이 좋으면 철저하고 엄격하게 질병을 관리하고, 치료제와 백신을 빨리 개발해 희생자를 줄일 수 있을 것이다. 그리고 정치권이 올바른 결정을 내리는 것도 중요하다. 여기에는 전염병으로 인한 경제적 피해를 더는 정당화할 수 없는 때가 언제인지 판단하는 것도 포함된다.

우리는 코로나19가 오랫동안 곁에 머무를 것이라는 사실을 알고 대비해야 한다. 그렇다고 해서 경제적으로나 사회적으로 새로운 단계에 진입한다는 사실이 변하는 건 아니다. '위기를 기회로 삼아야 한다.'는 이 오래된 문장이 지금이야말로 더없이 필요하고 절실한 말이다. 코로노믹스는 누구에게나 찾아온다.

위기에 대처해야 하는 우리의 자세, '코로노믹스'에서 답을 얻다

2020년 초 우리가 생각지도 못했던 코로나19가 중국을 넘어 아시아, 그리고 유럽과 미주지역으로 확대되면서 이제는 코로나19 이전의 삶으로 돌아가지 못할 것이라는 전망이 여기저기서 나오고 있습니다. 심지어 코로나19 이전에 우리가 누렸던 일상이 특별하게 느껴지기까지 합니다. 그런데 여기 또 다른 문제가 있습니다. 코로나19로 인한 피해와 손실에 대한 해결책이 무엇인가 하는 점입니다. 코로나19는 경제의 구조적인 문제에서 발생한 것이 아닌 자연재해와 같이 어느 날 갑자기 외부에서 발생해 우리의 일상과 경제에 영향을 미치고 있기 때문입니다.

코로나19가 세계보건기구WHO에 의해 팬데믹으로 선포되기 전부터 전 세계 국가들은 유례없는 위기를 어떻게 헤쳐나갈지 고민했습니다. 그리고 이 과정에서 우리가 인지하지 못했던 사회나 경제의 부끄러운 측면들이 그대로 공개되었습니다. 그러나 우선은 시간에 쫓기듯 재정정책과 긴급유동성 공급과 같은 대응책이 발표되었고, 언론과 전문가들은 이를 분석하고 전망하고 있습니다.

아마 독자 여러분 중에는 기억하는 분들도 있을 텐데요. 코로나19가 있기 전 글로벌 금융위기와 유럽재정위기를 겪으면서 전세계 정부와 중앙은행이 어떠한 역할과 정책을 추진해야 하는지를 경험한 바 있습니다. 2010년을 전후하여 최악의 경기침체 가능성이 제기되고 어제까지 옆에 있던 은행이나 금융기관이 파산을 선언하고, 위기에 처한 산업, 특히 금융부문을 살리기 위해 정부가 앞 다투어 재정적 지원을 하면서 오히려 재정위기로 옮겨간 것입니다. 다행히 더 심각한 위기는 막을 수 있었습니다.

그럼 과연 코로나19로 인한 경기침체에 대응하는 방안은 10년전 각국이 추진했던 정책 내용을 바탕으로 하면 충분할까요?《코로노믹스》의 저자 다니엘 슈텔터Daniel Stelter는 이를 분석하고 해결 방안을 제시하고 있습니다. 그리고 그는 기업이나 가계가 코로나19위기를 극복하기 위해서는 정부와 중앙은행의 처방이 과거와 달라야 한다고 강조합니다. 물론 그가 제시하고 있는 해결안에 대해서는 찬반 의견이 있을 수 있습니다. 그러나 그만큼 과감한 정책이 필요하다는 점을 우리는 간과해서는 안 됩니다.

미래에 대한 불확실성과 두려움으로 코로나19 이후 사회나 미래를 전망하는 책들이 많이 출간되었습니다. 물론 우리 삶과 경제 및 사회의 미래를 예측해보고 준비할 수 있는 시간을 마련하는 것은 중요합니다. 하지만 코로나19라는 위기가 잘 해결되어야 이런 전망이나 논의도 의미가 있습니다. 이 책은 코로나19로 인한 경기침체를 어떻게 극복해야 하는지, 과연 정부와 중앙은행이 어떻게 대응해야 정책적으로 효과가 있을지 궁금해 하는 독자들에게 적지 않은 도움이 될 것이라고 생각됩니다.

특히 흥미로운 부분은 이 책 제10장에 제시된 '기업을 위한 코로나19 위기 극복의 15가지 방안'입니다. 기업의 입장에서 눈여겨볼 만한 대목이라고 생각합니다.

환자의 병을 제대로 진단하고 그에 맞는 처방을 하는 것이 의사의 본분입니다. 독자 여러분도 비록 의사는 아닐지라도 이 책을 통해 코로나19에 대해 정부와 중앙은행이 올바른 처방을 하고 있는지 판단해보기 바랍니다.

오태현(대외경제정책연구원 전문연구원)

참고문헌

[1장]

1   소위 추세 성장에 대비한 성장 정도 차이의 계산은 라보은행(Rabobank)의 자료다. 다음에서 확인할 수 있다. https://www.zerohedge.com/markets/decade-what-exactly

2   *The Economist*, "The Big Mac index", 15 January 2020. https://www.economist.com/news/2020/01/15/the-big-mac-index

3   F.A.Z.(프랑크푸르터 알게마이네 차이퉁) NET, "Schleichende De-Industrialisierung", 7. Februar 2020. https://www.faz.net/aktuell/wirtschaft/wie-in-deutschland-die-deindustrialisierung-voranschreitet-16620945.html

4   Daniel Stelter, *Das Märchen vom reichen Land*, Munich, 2018.

5   '빙하기'라는 표현은 1990년대 글로벌 은행 소시에테 제너럴(Societe Generale)의 전략 애널리스트였던 앨버트 에드워즈(Albert Edwards)가 1990년 이후 일본이 경험한 상황처럼 성장이 둔화하고 인플레이션이 낮은 시기가 찾아올 것을 예측하면서 사용했다.

6   *Financial Times*, "The post-recession slowdown is structural", 10 December 2014. http://blogs.ft.com/andrew-smithers/2014/12/the-post-recession-slowdown-is-structural/

7   DIW Wochenbericht Nr. 33 / 2019, S. 577. https://www.diw.de/sixcms/detail.php?id=diw_01.c.672502.de

8   IAB-DISCUSSION PAPER, "GDP-Employment Decoupling and the Slowdown of Productivity Growth in Germany", December 2019. http://doku.iab.de/discussionpapers/2019/dp1219.pdf

9   Sidney Homer, Richard Sylla, *A History of Interest Rates*, (Hoboken, 2005)

10 *Financial Times*, "The seeds of the next debt crisis", 4 March 2020. https://www.ft.com/content/27cf0690-5c9d-11ea-b0ab-339c2307bcd4

11 Bank for International Settlements(BIS), "About property price statistics". https://www.bis.org/statistics/pp.htm

12 이 부분에 대해서는 2014년에 펴낸 다음의 책에서 자세히 소개했다. Daniel Stelter, *Die Schulden im 21. Jahrhundert*, Frankfurt, 2014.

13 *Bridgewater Daily Observations*, "Populism: The Phenomenon", 22 March 2017. https://www.bridgewater.com/resources/bwam032217.pdf

14 IMF, "World Economic Outlook Update – Tentative Stabilization, Sluggish Recovery", January 2020. https://www.imf.org/en/Publications/WEO/Issues/2020/01/20/weo-update-january2020

15 OECD Economic Outlook, "Rethink Policy for a Changing World", November 2019. http://www.oecd.org/economic-outlook/november-2019/

[2장]

1 Boston Consulting Group(BCG), "What the Coronavirus could mean for the global economy", 3 March 2020. https://hbr.org/2020/03/what-coronavirus-could-mean-for-the-global-economy?utm_medium=Email&utm_source=esp&utm_campaign=covid&utm_description=featured_insights&utm_topic=covid&utm_geo=global&utm_content=202003&utm_usertoken=d7f2784bc0bee7eac8e585f95fe5ba809571ce5a

2 beyond the obvious, "Coronavirus: Statusbestimmung zum Wochenanfang", 9 March 2020. https://think-beyondtheobvious.com/corona-virus-statusbestimmung-zum-wochenanfang/

3 *FINANCIAL TIMES*, "The seeds of the next debt crisis", 4 March 2020. https://www.ft.com/content/27cf0690-5c9d-11ea-b0ab-339c2307bcd4

4 International Monetary Fund(IMF), "Global Financial Stability Report: Lower for Longer", October 2019. https://www.imf.org/en/Publications/GFSR/Issues/2019/10/01/global-financial-stability-report-october-2019

5 Daniel Stelter, "Löst General Electric die nächste Finanzkrise aus?", *manager magazin*, 21. August 2019. https://www.manager-magazin.de/finanzen/artikel/general-electric-siemens-konkurrent-als-weltfinanzrisiko-a-1282737.html

6 Irving Fisher, "The Debt Deflation Theory of Great Depressions", *Econometrica*, Vol 7. (4), S. 337 – 357, October 1933.

7 *FINANCIAL TIMES*, "Federal Reserve has encouraged moral hazard on a grand scale", 13. April 2020. https://www.ft.com/content/52a46bcf-f238-43cd-82dd-c48c3c1883e3

[3장]

1 '블랙 스완'은 경제나 주식시장에서 절대 일어나지 않을 듯한 사건을 나타내는 데 사용하는 표현으로, 나심 탈레브가 2007년 동명의 책에서 처음 사용했다. 스위스 일간지 〈노이어취르허차이퉁(NZZ)〉과의 인터뷰에서 나심 탈레브는 코로나19와 같은 팬데믹은 예상된 사건이었으며, 싱가포르 같은 나라는 수년 전부터 그와 함께 이런 사태에 대비해왔다고 설명했다. *NZZ*, "Die Corona-Pandemie ist kein schwarzer Schwan: Warum 2020 nach Nassim Taleb nicht mit 2008 zu vergleichen ist", 27. March 2020. https://www.nzz.ch/feuilleton/kein-schwarzer-schwan-nassim-taleb-ueber-die-corona-pandemie-ld.1548877

2 Handelsblatt, "Ökonom Felbermayr erwartet 'die Mutter aller Rezessionen'", 17. März 2020. https://www.handelsblatt.com/politik/deutschland/coronavirus-oekonom-felbermayr-erwartet-die-mutter-aller-rezessionen/25654514. html?ticket=ST-2133679-5NO34fk7zF3OleVMSGez-ap1

3 *The Guardian*, "US government to give citizens emergency financial aid", 17. March 2020. https://www.theguardian.com/world/2020/mar/17/us-government-to-give-citizens-emergency-financial-aid

4 Statista, "Durchschnittliche Eigenkapitalquoten mittelständischer Unternehmen in Deutschland nach Beschäftigungsgrößenklassen 2006 bis 2018". https://de.statista.com/statistik/daten/studie/150148/umfrage/durchschnittliche-eigenkapitalquote-im-deutschen-mittelstand/

5 Der Treasurer, "LBBW-Umfrage: Deutsche Unternehmen halten zu viel Liquidität", 16. März 2018. *https://www.dertreasurer.de/news/cash-management-zahlungsverkehr/lbbw-unternehmen-halten-zu-viel-liquiditaet-61971/*

[4장]

1 Bank for International Settlements, "BIS Quarterly Report September 2018". https://www.bis.org/publ/qtrpdf/r_qt1809_de.htm

2 SPIEGEL(online), "Versetzt die deutsche Wirtschaft in ein künstliches Koma!", 22. March 2020. https://www.spiegel.de/wirtschaft/soziales/corona-rettungsplan-versetzt-die-deutsche-wirtschaft-in-ein-kuenstliches-koma-a-14514605-cb48-476c-9383-72616c21e2dd

[5장]

1 Oscar Jorda, Sanjay Singh, Alan Taylor, "Longer-run economic consequences of pandemics", March 2020. http://ssingh.ucdavis.edu/uploads/1/2/3/2/123250431/pandemics_jst_mar2020_.pdf

2 *The Economist*, "In Europe, and around the world, governments are getting tougher", 19. March 2020. https://www.economist.com/briefing/2020/03/19/in-europe-and-around-the-world-governments-are-getting-tougher

3 F.A.Z. NET, "Bis wann reichen die Krankenhausbetten?", 13. March 2020. https://www.faz.net/aktuell/wirtschaft/corona-in-deutschland-bis-wann-reichen-die-krankenhaus-betten-16676537.html

4 *Die Welt*, "Wir müssen Menschenleben und die Volkswirtschaft gleichzeitig retten", 22. March 2020. https://www.welt.de/debatte/kommentare/article206709335/Gastbeitrag-Wir-muessen-Menschenleben-und-die-Volkswirtschaft-gleichzeitig-retten.html

5 ifo Institut, "Corona wird Deutschland Hunderte von Millionen Euro kosten", 23. March 2020. https://www.ifo.de/node/53961

6 F.A.Z. NET, "Ökonomen erwarten Wohlstandsverlust von bis zu 700 Milliarden Euro", 23. March 2020.https://www.faz.net/aktuell/wirtschaft/konjunktur/oekonomen-zu-corona-bis-zu-700-milliarden-euro-wohlstandsverlust-16692391.html?premium=0x5f9cfd924e981480fa33c5e35ac20c16&GEPC=s5

7 Makronom, "Wie viel 'kostet' ein Mensch?", 20. May 2019. https://makronom.de/wie-viel-kostet-ein-mensch-31010

8 STAT, "A fiasco in the making? As the coronavirus pandemic takes hold, we are making decisions without sufficient data", 17. March 2020. https://www.statnews.com/2020/03/17/a-fiasco-in-the-making-as-the-coronavirus-pandemic-takes-hold-we-are-making-decisions-without-reliable-data/

[6장]

1 tagesschau.de, "Gemeinsam für Italien", 23. March 2020. https://www.tagesschau.de/ausland/corona-hilfen-italien-101.html

2 Welt, "EZB holt im Kampf gegen das Virus eine neue Bazooka raus", 19. March 2020. https://www.welt.de/wirtschaft/article206646325/Corona-Krise-EZB-

kuendigt-Anleihekaufprogramm-fuer-750-Milliarden-an.html

3 Governo italiano, "Sondaggio Politicale Elettorali".http://sondaggipoliticoelettorali. it/GestioneSondaggio.aspx

4 Governo italiano, "Sondaggio Politicale Elettorali". http://sondaggipoliticoelettorali. it/GestioneDomande.aspx

5 International Monetary Fund, "Economic Convergence in the Euro Area: Coming Together or Drifting Apart?", 23. January 2018.https://www.imf.org/en/Publications/ WP/Issues/2018/01/23/Economic-Convergence-in-the-Euro-Area-Coming-Together-or-Drifting-Apart-45575

6 Flossbach von Storch RESEARCH INSTITUTE, "Die lateinische Münzunion – ein Präzedenzfall für den Euro", 16. May 2019. https://www.flossbachvonstorch-researchinstitute.com/fileadmin/user_upload/RI/Studien/files/studie-190516-die-lateinische-muenzunion.pdf

7 Deutsche Bank, "Understanding Euro-Zone break-up – how much would the Euro drop", 9. March 2017. https://think-beyondtheobvious.com/wp-content/ uploads/2017/03/DB-Understanding-Eurozone-break-up-09.03.17.pdf

8 International Monetary Fund, "Toward a Fiscal Union for the Euro Area", 25. September 2013. https://www.imf.org/en/Publications/Staff-Discussion-Notes/ Issues/2016/12/31/Toward-A-Fiscal-Union-for-the-Euro-Area-40784

9 European Commission, "EUROPA 2020 – Eine Strategie für intelligentes, nachhaltiges und integratives Wachstum", 3. March 2010. https://ec.europa.eu/ eu2020/pdf/COMPLET%20%20DE%20SG-2010-80021-06-00-DE-TRA-00.pdf

10 Eurostat, "Leichter Anstieg der FuE-Ausgaben in der EU im Jahr 2017 auf 2,07 % des BIP", 10. January 2019.https://ec.europa.eu/eurostat/documents/2995521/9483602/9-10012019-AP-DE.pdf/054a5cb0-ac62-4ca4-a336-640da396b817

11 WIPO World Intellectual Property Organization, "World Intellectual Property Indicators 2019". https://www.wipo.int/edocs/pubdocs/en/wipo_pub_941_2019.pdf

12 Thomson Reuters: "The Top 100 Global Technology Leaders". https://www. thomsonreuters.com/content/dam/ewp-m/documents/thomsonreuters/en/pdf/ reports/thomson-reuters-top-100-global-tech-leaders-report.pdf

13 Shanghai Index, "Academic Ranking of World Universities 2019". http://www. shanghairanking.com/ARWU2019.html

14 According to World Bank data. For the calculation see beyond the obvious, "10 Jahre Lissabon-Vertrag – Wie ist die wirtschaftliche Lage der EU heute? Fakten zum Nachlesen", 1. December 2019. https://think-beyondtheobvious.com/10-jahre-lissabon-vertrag-wie-ist-die-wirtschaftliche-lage-der-eu-heute-fakten-zum-nachlesen/

15 European Commission, "Fiscal Sustainability Report 2018", January 2019. https://ec.europa.eu/info/sites/info/files/economy-finance/ip094_en_vol_1.pdf

16 beyond the obvious, "Folgt Europa Japan in das deflationäre Szenario (I)?", 6. May 2019. https://think-beyondtheobvious.com/stelters-lektuere/folgt-europa-japan-in-das-deflationaere-szenario-i/

17 적어도 여러분이 설문조사 결과에서 도출해야 할 결론은 바로 이것이다. 독일인의 76%가 유럽연합 회원이라는 데서 장점을 느끼지만, 그렇게 생각하는 프랑스인은 50%가 약간 넘고, 이탈리아인은 36%에 불과하다. 유럽연합이 직면하고 있는 어려움을 고려했을 때 유럽연합에 대한 지지가 생각만큼 강하지 않다는 의미다. European Parliament, "Spring Eurobarometer 2019", p. 16. https://www.europarl.europa.eu/at-your-service/files/be-heard/eurobarometer/2019/closer-to-the-citizens-closer-to-the-ballot/report/en-eurobarometer-2019.pdf

18 F.A.Z. NET, "Von der Krise zur Chance", 24. March 2017. https://www.faz.net/aktuell/politik/die-gegenwart/zerfaellt-europa-25-von-der-krise-zur-chance-14932745.html

19 F.A.Z. NET, "Die EU arbeitet an einer 'Euro-Bazooka'", 19. March 2020. https://zeitung.faz.net/faz/wirtschaft/2020-03-19/5b881ec702e39c1446342d0778cae520/?GEPC=s5

20 이 주제에 대한 최신 정보는 이것이다. Credit Suisse, "Global Wealth Report 2019", S. 23. https://www.credit-suisse.com/ch/en/about-us/research/research-institute.html

[7장]

1 *Financial Times*, "How major economies are trying to mitigate the coronavirus shock", 30. March 2020. https://www.ft.com/content/26af5520-6793-11ea-800d-da70cff6e4d3

2 ifo Institut, "Corona wird Deutschland Hunderte von Milliarden Euro kosten", 23. March 2020. https://www.ifo.de/node/53961

3 F.A.Z. NET, "Staat drohen Kosten bis zu 1,5 Billionen Euro durch die Corona-

Krise", 22. March 2020. https://www.faz.net/aktuell/wirtschaft/folkerts-landau-staat-drohen-hohe-kosten-durch-corona-krise-16690939.html

4   *manager magazin*, "Deutscher Staat spart dank Minizinsen 436 Milliarden Euro", 20. January 2020. https://www.manager-magazin.de/politik/artikel/minizinsen-deutscher-staat-sparte-bis-jetzt-400-milliarden-euro-a-1304215.html

5   European Comission, "Fiscal Sustainability Report 2018". https://ec.europa.eu/info/sites/info/files/economy-finance/ip094_en_vol_1.pdf

6   *American Economic Review:* Papers & Proceeding, "Growth in a Time of Debt", May 2010. 이 논문이 발표된 이후 분석에 사용된 자료에 대한 비판이 일었다. 하지만 기준점을 벗어나는 자료를 제외하더라도 과도한 정부 부채가 경제성장률에 부정적인 영향을 줄 가능성이 크다는 전체적인 메시지가 바뀌는 건 아니다.

7   forexlive, "Germanys Altmaier: We will return to austerity policy once coronavirus crisis is over", 24. März 2020. https://www.forexlive.com/news/!/germanys-altmaier-we-will-return-to-austerity-policy-once-coronavirus-crisis-is-over-20200324

8   저축과 무역흑자 간의 연관성에 대한 자세한 내용은 여기에서 확인할 수 있다. beyond the obvious, "Deutschland wirtschaftet wie die Eichhörnchen", 14. September 2016. https://think-beyondtheobvious.com/stelter-in-den-medien/deutschland-wirtschaftet-wie-die-eichhoernchen/

9   CEPR, "Exportweltmeister – The Low Returns on Germanys Capital Exports", 18. July 2019. https://cepr.org/content/free-dp-download-18-july-2019-exportweltmeister-low-returns-germany's-capital-exports

10 Credit Suisse, "Global Wealth Report 2019", 21. October 2019. https://www.credit-suisse.com/about-us-news/de/articles/media-releases/global-wealth-report-2019--global-wealth-rises-by-2-6--driven-by-201910.html

11 Thomas Piketty, *Capital in the Twenty-First Century*, Cambridge/London, 2014.(국내에서는《21세기 자본》으로 번역 출간됨)

12 IMF, "Fiscal Monitor, Taxing Times", October 2013. https://www.imf.org/en/Publications/FM/Issues/2016/12/31/Taxing-Times

13 Handelsblatt, "Enteignung für den Schuldenabbau", 11. Oktober 2017. http://www.handelsblatt.com/politik/international/denkfabrik-der-franzoesischen-regierung-so-verteidigt-der-thinktank-seine-ideen/20442186-2.html

14 Carmen M. Reinhart and M. Belen Sbrancia, "The Liquidation of Government

Debt", NBER Working Paper 16893. www.imf.org/external/np/seminars/eng/2011/res2/pdf/crbs.pdf

[8장]

1 beyond the obvious, "Folgt Europa Japan in das japanische Szenario?", 6. May 2019. https://think-beyondtheobvious.com/stelters-lektuere/folgt-europa-japan-in-das-deflationaere-szenario-i/

2 The Bank for International Settlements(BIS) warns of the consequences of zombification:"BIS Quarterly Review 2018". https://www.bis.org/publ/qtrpdf/r_qt1809.htm

3 The Telegraph, "Downgrade warnings raise fears of European bank nationalisations", 26 March 2020. https://www.telegraph.co.uk/business/2020/03/26/downgrade-warnings-raise-fears-european-bank-nationalisations/

4 Daniel Stelter, *Die Schulden im 21. Jahrhundert*, Frankfurt, 2014.

5 beyond the obvious, "Rogoff träumt weiter von der Enteignung", 24. November 2016. https://think-beyondtheobvious.com/stelters-lektuere/rogoff-traeumt-weiter-von-der-enteignung/

6 IMFBlog, "Cashing In: How to Make Negative Interest Rates Work", 5. Februar 2019. https://blogs.imf.org/2019/02/05/cashing-in-how-to-make-negative-interest-rates-work/

7 Bank for International Settlements(BIS), "Covid-19, cash and the future of payments", 3 April 2020, available: https://www.bis.org/publ/bisbull03.htm

8 Welt, "IWF warnt vor Gold als Brandbeschleuniger für Finanzkrisen", 26. Februar 2019. https://www.welt.de/finanzen/article189408169/Krisenwaehrung-Schadet-Gold-der-Weltwirtschaft.html

9 IMF, "IMF Working Paper, Whats in a name? That Which We Call Capital Controls", February 2016. https://www.imf.org/external/pubs/ft/wp/2016/wp1625.pdf

10 beyond the obvious, "So würde die Schulden-Monetarisierung ablaufen", 22. August 2017. https://think-beyondtheobvious.com/stelters-lektuere/so-wuerde-die-schulden-monetarisierung-ablaufen/

11 Adair Turner, *Between Debt and the Devil*, London, 2015.

12 University College London(UCL): "Bringing the Helicopter to Ground – A historical review of fiscal-monetary coordination to support economic growth in the 20th century", August 2018. https://www.ucl.ac.uk/bartlett/public-purpose/sites/public-purpose/files/iipp-wp-2018-08.pdf

13 University College London(UCL): "Bringing the Helicopter to Ground – A historical review of fiscal-monetary coordination to support economic growth in the 20th century", August 2018. https://www.ucl.ac.uk/bartlett/public-purpose/sites/public-purpose/files/iipp-wp-2018-08.pdf

14 Oscar Jorda, Sanjay Singh, Alan Taylor, "Longer-run economic consequences of pandemics", März 2020. http://ssingh.ucdavis.edu/uploads/1/2/3/2/123250431/pandemics_jst_mar2020_.pdf

15 BDI, "Klimapfade für Deutschland", January 2018. https://www.zvei.org/fileadmin/user_upload/Presse_und_Medien/Publikationen/2018/Januar/Klimapfade_fuer_Deutschland_BDI-Studie_/Klimapfade-fuer-Deutschland-BDI-Studie-12-01-2018.pdfv

16 Welt, "Zwei Prozent Negativzinsen könnten in Zukunft zur Normalität werden", 5. January 2020. https://www.welt.de/finanzen/article204765098/Forscher-warnen-Zwei-Prozent-Negativzinsen-koennten-in-Zukunft-zur-Normalitaet-werden.html

17 Bank Underground, "Global real interest rates since 1311: Renaissance roots and rapid reversals", 6. November 2017. https://bankunderground.co.uk/2017/11/06/guest-post-global-real-interest-rates-since-1311-renaissance-roots-and-rapid-reversals/

[9장]

1 *Financial Times*, "FT Interview: Emmanuel Macron says it is time to think the unthinkable", 16 April 2020. https://www.ft.com/content/3ea8d790-7fd1-11ea-8fdb-7ec06edeef84

2 Eurostat: "Which member states have the largest share of the EU`s GDP?", 11. May 2018. https://ec.europa.eu/eurostat/web/products-eurostat-news/-/DDN-20180511-1?inheritRedirect=true

3 Stiftung Marktwirtschaft: "Ehrbarer Staat? Wege und Irrwege der Rentenpolitik im Lichte der Generationenbilanz", 22. November 2019. https://www.stiftung-marktwirtschaft.de/fileadmin/user_upload/Pressemitteilungen/2019/Rentenpolitik_

PG_22.11.2019/PK-Folien-Ehrbarer-Staat_Rentenpolitik_2019-11-22_Druck.pdf

4   beyond the obvious, "Die Lüge von der gewinnbringenden Rettung", June
    2018. https://think-beyondtheobvious.com/stelters-lektuere/best-of-bto-2018-
    griechenland-die-luege-der-gewinnbringenden-rettung/

5   Adair Turner, *Between Debt and the Devil, London,* 2015.

6. 연방정부 전문가 위원회는 코로나19 위기를 다룬 특별 보고서에서 경제위기
    에 대응할 다른 방법으로 유로본드 발행 등 소위 헬리콥터 머니를 연방준비제
    도에서 사용하는 방안을 거부했다. *FAZ,* "Wirtschaftsweise halten Rezession für
    unvermeidbar", 30. March 2020. https://www.faz.net/aktuell/wirtschaft/konjunktur/
    sondergutachten-corona-auswirkungen-auf-die-deutsche-wirtschaft-16703191.html?
    printPagedArticle=true#pageIndex_3

7. 내 블로그나 책 Märchen vom reichen Land-Wie die Politik uns ruiniert,(Munich,
    2018)에서 '타겟-2' 관련 논의에 관한 자세한 사항을 확인할 수 있다.

8. European Central Bank, "Statistical Warehouse". http://sdw.ecb.europa.eu/reports.
    do?node=1000004859

9. *Financial Times,* "Ireland shows the way with its debt deal", 10 February 2013,
    available: https://www.ft.com/content/a4564eae-713a-11e2-9d5c-00144feab49a

10. *Financial Times,* "FT Interview: Emmanuel Macron says it is time to think the
    unthinkable", 16. April 2020. https://www.ft.com/content/3ea8d790-7fd1-11ea-
    8fdb-7ec06edeef84

11 *Financial Times,* "Draghi: We face a war against coronavirus and must mobilise
    accordingly", 25. March 2020. https://www.ft.com/content/c6d2de3a-6ec5-11ea-
    89df-41bea055720b?shareType=nongift

12 *Die WELT,* "Deutschlands globaler Abstieg scheint ausgemacht", 1. February 2020.
    https://www.welt.de/wirtschaft/plus205495237/Deutschlands-globaler-Abstieg-
    scheint-ausgemacht.html

13 Stiftung Marktwirtschaft: "Ehrbarer Staat? Wege und Irrwege der Rentenpolitik
    im Lichte der Generationenbilanz", 22. November 2019. https://www.stiftung-
    marktwirtschaft.de/fileadmin/user_upload/Pressemitteilungen/2019/Rentenpolitik_
    PG_22.11.2019/PK-Folien-Ehrbarer-Staat_Rentenpolitik_2019-11-22_Druck.pdf

14 Statista, "Entwicklung der Lebenserwartung bei Geburt in Deutschland nach
    Geschlecht in den Jahren von 1950 bis 2060(in Jahren)". https://de.statista.com/

statistik/daten/studie/273406/umfrage/entwicklung-der-lebenserwartung-bei-geburt-
-in-deutschland-nach-geschlecht/

15 Statista: "Erreichbares Durchschnittsalter in Deutschland laut der Sterbetafel
2016/2018nach Geschlechtern und Altersgruppen". https://de.statista.com/statistik/
daten/studie/1783/umfrage/durchschnittliche-weitere-lebenserwartung-nach-
altersgruppen/

16 *Financial Times*, "The world must wake up to the challenge of longer life-spans",
28. February 2020. https://www.ft.com/content/b517135e-5981-11ea-abe5-
8e03987b7b20

17 *Die WELT*: "Was Unternehmen Senioren bieten müssen, um sie im Job zu halten",
12. July 2017. https://www.welt.de/wirtschaft/article166579087/Was-Unternehmen-
Senioren-bieten-muessen-um-sie-im-Job-zu-halten.html

18 Robert Bosch Stiftung: "Produktiv im Alter", October 2013. https://www.bosch-
stiftung.de/sites/default/files/publications/pdf_import/BI_ProduktivImAlter_Online.
pdf

19 Federal Ministry for Economic Affairs and Energy, "Wachstum und Demografie
im internationalen Vergleich", July 2015. https://www.bmwi.de/Redaktion/DE/
Publikationen/Wirtschaft/wachstum-und-demografie-im-internationalen-vergleich.
pdf?__blob=publicationFile&v=3

[10장]

1 *HARVARD BUSINESS REVIEW*, "Seize Advantage in a Downturn", February 2009.
https://hbr.org/2009/02/seize-advantage-in-a-downturn

2 David Rhodes and Daniel Stelter, *Accelerating out of the Great Recession – How to win
in a slow growth economy*, New York, 2010

[11장]

1 *The Washington Post*, "How did covid-19 begin? Its initial origin story is shaky", 3.
April 2020. https://www.washingtonpost.com/opinions/global-opinions/how-did-
covid-19-begin-its-initial-origin-story-is-shaky/2020/04/02/1475d488-7521-11ea-

87da-77a8136c1a6d_story.html

2   Tony Selba, *Clean Disruption*, Robin Hood Investors Conference 2019. (국내에서는 《에너지 혁명 2030》으로 번역 출간됨) https://youtu.be/6Ud-fPKnj3Q

코로노믹스

초판 1쇄 발행 2020년 6월 12일
초판 3쇄 발행 2020년 8월 21일

지은이   다니엘 슈텔터
옮긴이   도지영
감수   오태현

발행인   김기중
주간   신선영
편집   고은희, 정진숙
마케팅   김은비
경영지원 홍운선

펴낸곳   도서출판 더숲
주소   서울시 마포구 동교로 150, 7층 (04030)
전화   02-3141-8301~2
팩스   02-3141-8303
이메일   info@theforestbook.co.kr
페이스북·인스타그램 @theforestbook
출판신고 2009년 3월 30일 제2009-000062호

ISBN | 979-11-90357-30-2 03320

이 도서의 국립중앙도서관 출판예정도서목록(CIP)은 서지정보유통지원시스템 홈페이지(http://
seoji.nl.go.kr)와 국가자료종합목록 구축시스템(http://kolis-net.nl.go.kr)에서 이용하실 수 있습니다.
(CIP제어번호 : CIP2020022170)